黒鉄ヒロシ

ののふ日本論

のココロが日本を救う

GS
幻冬舎新書
449

まえがき

トランプ新大統領誕生以前から、世界が〈奇天烈《きてれつ》なる方向〉に向かっている気配に気付いていた御仁は、今、この〈まえがき〉をお読みの読者の中にも居る筈《はず》である。

〈奇天烈なる方向〉とは、〈近代〉以前、すなわち価値観を異とする世界。

雑駁《ざっぱく》に〈近代〉を腑分けすれば、〈白人の、白人による、白人の為の価値観を世界に主張し実行した時代〉となろう。

白人至上主義ともいえる、この差別主義の夜郎自大《やろうじだい》な押し付けも、圧倒的な先進技術力と物量を前にしては、如何《いか》なる前時代の大国と雖《いえど》も従順に成らざるを得なかった。

僅かでも抵抗の姿勢を見せたりすれば、徹底的に痛め付けられた。

幕末から明治の頃から今日まで、この姿勢は変わらない。

我が国はこの危機に際して〈和魂洋才〉の知恵で乗り切った。

時代は下って、三人の白人が、手前勝手な思い付きで、アホな決断を世界に押し付けた。

大東亜戦争終結直前のヤルタ会談である。

三人の——と書いたが、その一人、ロシアは西欧を向いては白人、アジアを向いてはアジア人と、二つの膚《はだ》の色を使い分けた。

今日、世界は二分化されつつあるというが、とっくの昔より白人と有色人種に分けた差別の上に〈近代〉は成っていたのだ。

〈近代〉の価値観に馴染めずというか、理解もできず、かといって正面切って抵抗するでもなく、浮かぬ顔で〈近代〉の波に乗った国が、ロシアと中国であり、石油の他は蚊帳の外に置かれたのが中東の国々であった。

〈近代〉が元気な頃は、宗教上の大きな軋轢《あつれき》など、とんと聴いたことがなかった。

キリスト教に次ぐ信者数を誇り乍《なが》ら、イスラム教はあくまで静かであった。

彼等を煽り、怒らせ、立ち上がらせ、今日の宗教的二分化を招いたのも〈近代〉の御輿を担いだ白人の国であった。

今、〈近代〉の表向きのおためごかしの面の皮が剝がされ、醜《みにく》い本音の表情をさらけ出した。

トランプの、異常としか思えない数々の主張など〈近代〉の元よりの資質であった。

世界中に拡散した感のあるテロの原因を生んだ母も〈近代〉であった。

耳障りの良い〈グローバリズム〉なる誘惑に世界は蹂躙《じゅうりん》された。

世界は無理矢理に資本主義の市場となり、僅かばかりの最新テクノロジーの恩恵と交換に、その国固有の文化は踏みにじられ、蒸発しかかっている。

大東亜戦争期、白人社会が沈黙する中、ユダヤ人差別撤廃を国策とした日本の先見性と平等感と決断は誇って良い。

アウシュビッツに代表される白人種の犯した惨状に驚き慌てた〈近代〉は、遅蒔き乍ら移民を受け入れるの法をつくってみせたが、根本的に予測性の欠如したセンチメンタルに寄りかかった思い付きは世界中に新たな問題と悲劇をまき散らすに至った。

そこに、自らがドイツ系移民であり、〈近代〉のデタラメな恩恵で大金持ちに成り上がったトランプが吠えかかったというのだから、理不尽の極み。

人種も経済も宗教も、後戻りできない程に拡大した二分化の風潮は、余程に人類が賢くならない限り、悲しいが混沌状態は長く続く。

〈近代〉の断末魔の終焉に対する名案など無い。

戦後七十二年にして考えるべきは、我々が置き忘れたこと、忘れさせられたこと、詭弁《きべん》を弄して我国の歴史を改竄《かいざん》せんとの国のあること等々、このトラップに素直に落ちたか、はたまた単なる不勉強か、とにもかくにも史実を識《し》らない日本人が増加したように想うが僻目《ひがめ》なら幸甚の至り。

幸いなことに、主張の違いに泣き別れようとも、我国はその気になりさえすれば、世界中の正確な歴史を識ることのできる国である。

比するに、朴《パク》大統領の騒動を見れば、彼《か》の国は感情の国であり、〈近代〉の皮を被ってはいたが、体質は百年（希望的に見て）経たなくては変わりはしない。

何の所為《せい》か、拗ねたような韓国の歴史観など、訂正するのがアホらしくなる程だ。

福沢諭吉先生は、その体質に、とっくの昔に匙を投げられた。

日本人が自国の歴史を誤解したまま、更に申せば、他国が真実を塗り潰して、悪意を持って書き替えた虚史（？）を真に受けるに及んでは、来る未曾有《みぞう》の世界的混沌に、断じて自国贔屓ではなく、冷静に分析し対処できる資格を持つは我国を措《お》いて他にない。

元より、今日の災いの種を蒔いた白人の〈変〉、ロシアの〈変〉、中国の〈変〉、中東の〈変〉を世界から引き算すれば、日本しか残らない。

ロシアと中国の〈変〉について触れてみる。

ロシアは、プーチン政権下での批判的なジャーナリストの殺害や、時代錯誤的なスパイの活動、いきなりに汚職と言い募《つの》っての実業家達の軒並みの逮捕と勾留《こうりゅう》。

中国に至っては、その〈変〉は枚挙にいとまはないが、ごく最近を例に挙げれば、南シナ海でのアメリカの無人潜水機（ドローン）の強奪事件。

国際水域の認識もなく、国際法を無視したこの行動は野蛮に見えるが、中国側に云わせれば、そんな法など最近になってそっちが勝手につくったモノで、四千年の歴史を持つ我国にしてみれば、屁のような法でしかない。

彼等の意識は〈近代〉から遠いところにあり続けていた訳だ。

そこで、日本に押し付けられた〈変〉を押し返し、真実の姿を取り戻すべく、この書を物《もの》した。

あちこちに不謹慎と思える描写と軽口もあろうが、何せ内容が内容だから、読者諸兄をして退屈させぬ為の装置と思し召して、ご寛恕《かんじょ》を請い願い奉る。

あ、それから、今、この本を立ち読み中の貴兄よ、けして損はさせぬ故、このままレジへと向かい給え。


――了――

もののふ日本論／目次

第四章　八十年目の『南京のハロウィン』
——「詐の国」の詭道と「誠の国」の武士道

第一章　新免武蔵の憲法ちがひ

——「日本国憲法」の5W1H

先入観の全てを白紙に戻す

思考法の違いか、至る環境の差か、寅さんではないが「それを言っちゃあオシマイ」であるが、もしや遺伝子の問題でもあるのか。

真摯に耳傾けても、理解しようと努めても、相手の言い分の正当性がさっぱり判らぬと云うことは、有る。

遠い先祖が殺し合いでもしたのであろうかと、つい考えてしまう程である。

二者を隔てる分水嶺の成分が、イデオロギーか宗教であるケースは多い。

イデオロギーも、やがては宗教化する運命にあるから、成分はひとつに絞って良いと思う。

かくなる上は、泣き別れる他無いが、完全なるイーヴンの間柄など、この世非《あら》ざることだから、何《いず》れかに主観の強さは偏る筈《はず》である。

空想のイーヴンの立場に立てば、偏りの犯人が自分である可能性は、これまたイーヴン。

今、他人事のように、コレを読んでおられる貴方だって怪《あや》しいですよ。

「コラ！　読者様に対し奉り、何たる無礼」「アンタ、誰だ？」「お前の主観の半分だ」

かくして半分半分となった我が主観は、それぞれに、そのイーヴンをこう考えた。

ナニゴトに於《お》いても、ドコでナニしてカウなったやら、脳内に浮かぶおおよそ全ての由無し事は頼りなく積み上がった場合が多いから、一旦、先入観の全てを白紙の状態に戻したい。

「日本国憲法」とは――

今、白紙の上に「日本国憲法」が立っている。

護憲か？　改憲か？　是か？　否か？　を決定した意識の成立以前の状態に今はある筈ですね。

そも、「日本国憲法」とは何んであろう。

５Ｗ１Ｈでしたっけ？　例の、何時、何処で、誰が、何を、何故に、如何《いか》にしたか――を物差しのスタートとして、主観を排除しそれぞれの括弧の中を埋めてみる。

まず、〈何時〉であるか。

敗戦直後の一九四六年二月四日から十二日迄《まで》の、九日の間である。

次に〈何処〉であるか。

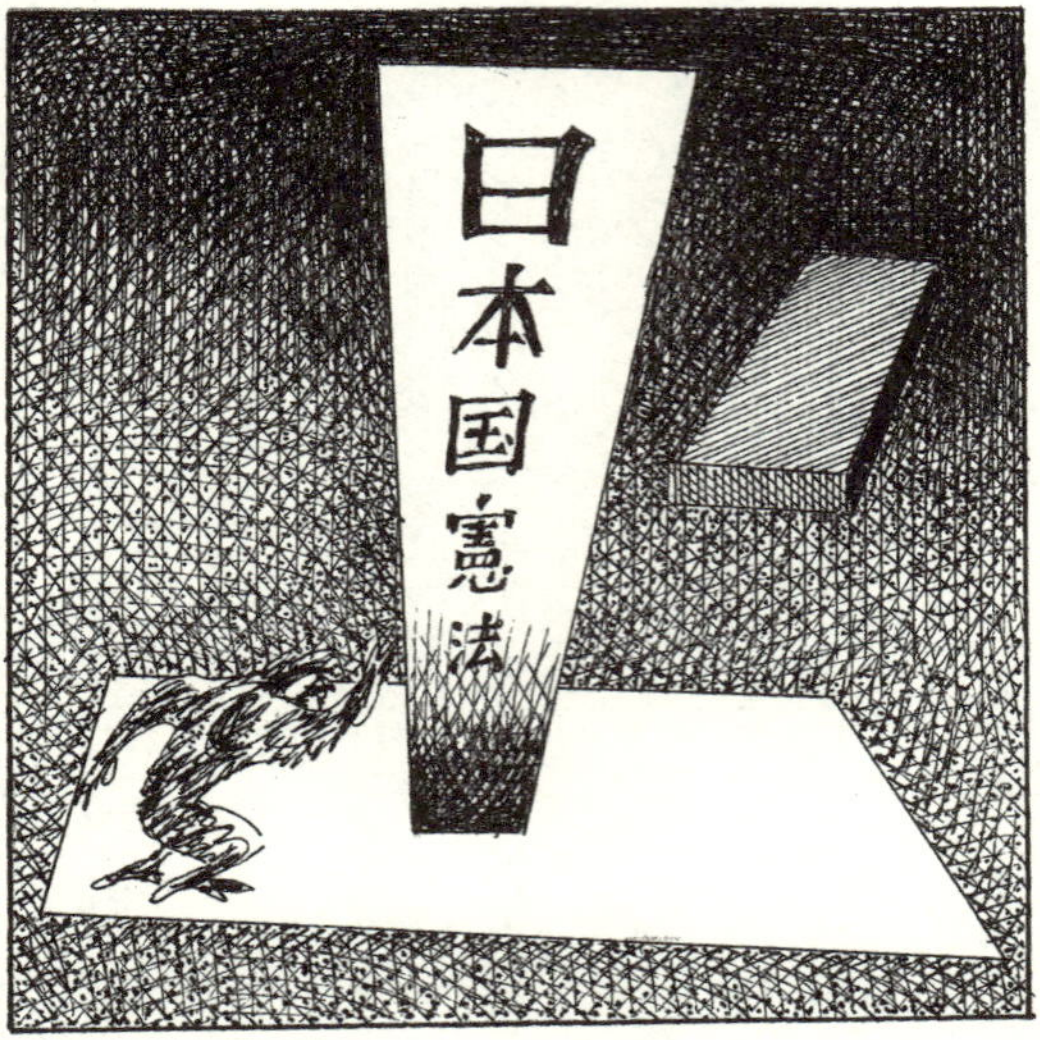

Hiroshi Kurogane

占領下にあった東京だが、更に狭く場所を追い詰めると、GHQ（General Headquarters）本部が置かれていた第一生命ビルの一室に於いて。

その後、関連書類が行ったり来たりするから、GHQ本部を中心とした、都心の同心円内とする。

——と、ここまで何んの偏見も持たず、何れかへ誘導せんとの企みなく来たつもりだが、何か異論など、お有りか？

あるとすれば、「GHQ本部」と、「ことさらに表記したところに下心が見える」と、誰かの主観が指摘する辺りであろう。

過度の敏感さは、タイプ別のセンスの差としか言いようが無い。

白紙と断っているのだから、ここは素直に信じて戴《いただ》く他はない。

えと、〈誰が〉に移ってもよろしいか。

前段と一部重複するが、GHQ民政局の軍人達である。

民政局は二十五人のアメリカ人で成っていた。

この段階では名前までは必要なかろうから、主だったところを列記するに留《とど》める。

コートニー・ホイットニー准将、チャールズ・L・ケーディス大佐、アルフレッド・

R・ハッシー中佐、マイロ・E・ラウエル中佐等々。

四番目のWは〈何を〉だが、ここには当然に「日本国憲法」が据わる。

最後のWの〈何故に〉は大いに主観が入り、白紙ではなくなる怖れ有りと考えて、ホイットニー准将は「マッカーサー・ノート」をケーディス大佐に提示し「日本国憲法草案」の作成を命じた――という事実を挟むに留める。

W達とは種類の違うH、〈如何に〉が、とり敢《あ》えずの問題点であるらしいので、慎重に進めたい。

時の総理、幣原喜重郎率いる「憲法問題調査委員会」が作成した、いわゆる「松本試案」はGHQによって拒否される。

理由を「保守的に過ぎる」とし、ここで草案作成はGHQ民政局に委ねられることとなる。

この際、先述の「マッカーサー・ノート」が手渡され、草案の骨となるのである。

骨の成分は三種。

①天皇の地位と皇位について、②戦争と軍隊の放棄について、③華族制度の廃止と英国型予算制度の採用について。

Hiroshi Kurogane

このGHQ案は、おおよそ全ての部分が採用となるが、九条（GHQ案では八条）は、世に云う芦田修正によって加筆される。

元のGHQ案は「国権の発動たる戦争は、廃止する。いかなる国であれ他の国との間の紛争解決の手段としては、武力による威嚇または武力の行使は、永久に放棄する」。

これは、日本人であれアメリカ人であれ他の地球上の如何なる国の民であれ、驚くべき内容である。

歴史、伝承、風俗、習慣などの積み重ねによって出来上がった独自の文化を衣服に譬《たと》えるなら、それらを守る術を永久に放棄するとは、つまり〈丸裸で生きていく〉、否《いな》、〈丸裸で生きていけ〉との、敗戦国に対する戦勝国命令であるに等しい。

さすがに即座に気付いた芦田は「正義の秩序を基調とする国際平和を誠実に希求し」との文言を加えた上で、これを受け「前項の目的を達する為」と、細々とではあるが自衛の為の一筋の道を残そうとした。

あのですね、最後のH、「如何に」――からここまでが偏った主観に因《よ》るとの主張などよもや無いとは思うが、老婆心ながら虱は潰しておこう。

国レベルの話となると雲を摑むようであるらしく、判断能力停止となり「主観じゃ！」

ゾーンに入るクセをお持ちの御仁にも判るように、先のGHQ案を家庭レベルに置き換えてみよう。

「その家庭の家長の考えによる他家との諍《いさか》いは、してはならぬ。他家がいちゃもんをつけ、無法を押しつけてきても、その解決の手段として、腕力に頼るかのような態度、または実際の実力行使は、永久に放棄する」

「主観じゃ！」と仰《おつしや》る御仁にも家庭はあろうし、守るべき家族もいよう。

〈他家〉の中には、殺人犯、強盗犯、強姦犯等も含むようであるが、如何にして貴殿の家族をかくなる魔の手から守るおつもりか。

芦田修正を経て、第九条は成った。

その第一項の骨子は「侵略戦争」についてであるが、一九二八年に調印された理想的と云うか、未来の希望、願望としての「パリ不戦条約」の文章を参考にしている。

国際紛争を解決する手段として武力を使う侵略（aggression）はしないと云うもので、そんな国が皆無でないと条約に意味は無いが、世界を見回すと、反して犯しそうな国は一つ、二つ、いや、三つ四つ、ぐらいしかないから、日本が先駆けると考えれば、ま、良しとしよう。

四つの国の一つが、我国のどこぞの島に突如として上陸したとしても手出しは出来ませんがね。

「前項の目的を達する為――」と、第二項は一項を受けたカタチで続く。

「陸海空軍その他の戦力は保持しない、国の交戦権はこれを認めない」

奇妙な文章である。

如何なる戦力も保持しないのであるから、交戦したくとも出来よう筈がないではないか。もしや、眼前に寄せ来る近代兵器完全装備の敵軍に向かって「ナンダ、コノヤロー」と殴りかかるも交戦と見て認めないと云うのであろうか――と、冗談を挟みたくなる程に馬鹿げた内容だが、このモヤモヤ感は最高裁判所判事にまで伝播したらしく、個別的でも集団的でも、自衛についての記述は日本国憲法の中には一行もないのに「集団的自衛権は持つが、行使は出来ない」なんぞと、発熱したような判決を出してしまう。

無法なる隣人が土足で我が家に上り込んだ際、抵抗する権利はあるが、抵抗してはならぬと云うのである。

「丸裸で生きていけ」と言ったGHQも、さすがにコリャ非道いと気付いたようである。

芦田が通した細い道に対して、民政局のホイットニー准将とケーディス大佐は、これを

Hiroshi Kurogane

諾とする。

後《のち》にケーディスは「個人に人権があるように、国家にも自らを守る権利あるは本質的なこと——」と考えたと述懐している。

日米安全保障なる協定

無法なる侵入者に対しては、後にアメリカがその分野を補う約束が出来た。

日米安全保障なる協定、いわゆるアンポであるが、協定をアメリカが遵守しなかった場合、丸裸で侵入者に打ちのめされるを待つしかないのである。

約束不履行の際の補償や罰則は協定には明記されてはいない。

あったとしても、これも反古にされたとなると、たちまち家も失い叩き出され路頭に迷う道しか残されていない。

もはや国すら無いのだから、この時に初めて我々は日本国憲法の頸木《くびき》から解放されると云う、笑えない冗談。

かつて日本と呼ばれた列島を占領者達が闊歩する。

「おのれ！」と、元日本人の、今奴隷のような立場の私がこれを襲ったとする。

〈如何なるテロも許されない〉と言うのであろう。

「こは、断じてテロに非ず！　義である」なんて叫び乍《なが》ら、私は処刑場にひっ立てられていくよ。

こんな時代が来ないことを祈るが――。

芦田修正は後の「自衛の為の軍隊」、すなわち今日の自衛隊の可能性を残しはしたが、語られるべきは部分ではなく全体である筈だ。

わずか九日間で成立

全体に眼を配る前に「日本人の為の憲法であるのに、コレが外国人の手に成るは、何んたること――」なる意見があるようだが、平時に於いては至極まっとうだとは思うが、敗戦後の占領下は戦時と考えれば、ここに拘《こだわ》ると論自体が矮小化してしまうから、良いモノは良いと大きく構えよう。

構えた上で、だがしかしけれどもと矛先をずらす。

わずか九日間という成立に要した期間は、憲法なるものの性格から短か過ぎはしまいか。いや、先の大きな構えに従って、肝腎は日数ではなく内容である、としよう。

え？　九日間と云うが、最後の二日間は日本語訳に費やされたから、実質一週間だって？　いや、いや、一週間だろうが、二、三日だろうが、一瞬だろうが、良いモノは良いのだと、更に大きく構えたい。

その前の「大日本帝国憲法」は、七年もの歳月をかけ、日本人の手によって制定されている。

アメリカ人は、西部劇の早撃ちに見るように何事に於いても素早く、比べて丁寧ではあるが居合いの構えの如く日本人はバカ正直で動作が遅いのであるよ。

あのね、またもや誰と誰とが喋っておるのか。分裂した二つの筆者の主観である。いい加減ややこしげな憲法についての考察を、読む者をして混乱せしめるような書き方は止めよ。

これには筆者なりの理由《わけ》があって、つまり、憲法なんて面白いものではない——というよりも、元よりエンターテインメント度ゼロであるからして、ここに日本国民をして七十年間も無関心に向かわせてしまう因有りと睨《にら》んだ訳ですね。

睨んでいるうちに思い出したのが次の句。

「面白きこともなき世を面白く——」

Hiroshi Kurogane

死の床の高杉晋作がここまで詠んだところで咳込んであとが続かず、同居していた野村望東尼が「すみなすものは心なりけり」と繋げて完成させたとする辞世の句であるが、これに重ねてみた。

〈面白きこともなき日本国憲法を面白く〉であり、〈すみなす〉すなわち、〈すみかとする〉ところは〈読者をして退屈させない、主観なき解釈〉が目的である。

崇高なる日本国憲法に対し、不真面目で不謹慎で不見識な考えであるとの、その指摘は当たりませんね。

冒頭に、全てはイーヴンとしておいたではありませんか。

日本国憲法こそ、不真面目で不謹慎で不見識であるとの私の意見も、貴方とイーヴンに泣き別れる訳である。

貴方には不真面目に見えようとも、私は真面目に不真面目に徹するのだ。

基本的人権の〈人権〉とは？「基本的」とは？

面白きこともなき日本国憲法を、眼を背けさせることのなきように引っ張ってみよう。

中にあっても〈人権〉についての記述は、日本国憲法の主張の根幹を成すと思われる。

日本国憲法の中の〈人権〉に侵入する為に意外な入口を選ぶ。

何をもって、自らを大国と任じるかの基準で思うは領地の広大さであり、人口の多さであるが、原始期の部族と何んら変わりなき発想のままである。

国名を明かしてしまえば、中国とロシアが代表だが、ともにこと有るごとに〈人権〉が問題とされる。

自らが任じる、今や大国となった歴史の過程で、人権の意識は磨かれなかったのであろうか。

磨くも何も、怖らく両国ともに「ナンジャ？　ソレハ？」と思っているのではなかろうか。

そも、基本的人権の〈人権〉とは何か。

その前に、わざわざ「基本的」と付ける理由は何か。

疑問は小学生レベルでも、正鵠を射る場合もある。

基本的なる冠を被る行為は、同時に基本的ではない人権もあることの証左となる。

それほどに崇高だと云うのなら、基本的であろうがなかろうが、人権はひとつではないのか。

human rights
A
?
Hiroshi Kurogane

「国民は、すべての基本的人権の享有を妨げられない」、更に「侵すことのできない永久の権利として、現在及び将来の国民に与へられる」と、十一条に云う。

以下の譬えは、不謹慎のようだが、日本国憲法も成立と内容に於いて不謹慎であるから、ここでもイーヴンである。

女郎屋に売り飛ばされようとする少女と女衒《ぜげん》の会話として見直してみよう。

「オメエの場合、基本的なモノじゃあなくて、付加的なモンだから、ツベコベ言うんじゃあねえ」

「じゃあ、おじさん、単なる人権としてなら、どうなんだえ?」

「知らねえだろうが、その文言は、うちの親分がオメエのおやじとの出入りに勝った時に言った科白《せりふ》なんだよ」

「へェ、どういうことだえ?」

「オメエのおやじが余りにヘロヘロになりやがったんで、ちいと気の毒に思うと同時に二度と手向かわねえように〈侵すことのできない永久の権利としてお前達に与える〉と、言ったんだよ、親分が」

「じゃあ、そうしてよ」

「そんなモン、ここだけの話だがよ、神様でもねえのに、何んで親分にそんなことを約束出来る？　それこそそんな権利があるもんか」

「アタイ、バカだから、ワカンナイ」

「ジンケンがあるってことは、似たような対立というか、立場があるってことだろう？」

「スフかえ？」

「バカヤロ、シゼンケンてんだよ」

「犬かえ？」

「ぶん殴ってやろうか。自然権だよ。十八世紀のヨーロッパで流行った考え方で、人間は素晴らしい、その素晴らしいモノが欲望することも、また素晴らしい。ならば、これは権利として認めようじゃないか、で、人権が勃起したって寸法よ」

「おじさん、女衒のくせに、インキンだね」

「それを云うならインテリだ」

「大塚かえ？」

さすがに、ちとふざけ過ぎた。

人権なる考えは、どうやら十二世紀から十四世紀にかけて誕生したようで、さらに遡《さかのぼ》ったローマの時代には、皇帝以下奴隷に至るまで有りもしなかったし、誰も考えもしなかったらしい。

「じゃ、発明なのかえ？」

また、出やがった！

「でも、ローマ法には、ラテン語でユス（jus）なる権利のことが書かれているじゃあないかえ？」

「不気味になりゃあがったな、このアマ、そりゃあ、ローマが与えるモノの意味で、今日的に云う権利のことじゃあねえんだよ」

「あ！　それで、ローマ時代のまんまの中国とかロシアは、たんびに首を傾《かし》げるワケなんだねえ」

「げ！　そりゃ、我々が登場する前に書いてあった箇所で、オメエ、どうして、それを！」

「ふっふっふ、アタイには何んだっておお見通しさあ！」

イカン！　この二人を消さないことには先に進めない。

少女は成長し、今や見事な（?）押しも押されもせぬ（?）、日本国憲法――じゃなかった、女郎になっている。

数年振りにあの女衒が訪ねてきて、元少女の女郎に云う。

「俺のオメエに対する気持ちは、侵すことの出来ない永久の権利として現在及び将来のオメエに与えられる」

「何んだか、うれしいような怖いような。で、アタイの年季はいつまでだえ？」

「侵すことの出来ない永久の権利として、現在及び将来のオメエに与えられる」

話が横道に逸れたどころか、獣道に迷い込んで、狼に首筋を噛まれた気分。

「ポツダム宣言」に奇妙なる記述

気分転換の為の補助資料として、昭和二十年（一九四五）十二月八日付（対米英開戦の日本時間と同日）、GHQ提供によって日本全国日刊紙に載った『太平洋戦争史』を掲げようと思うが、これには文句があるでしょうねえ——。

「ためにする資料を並べ、ことさらにGHQの策謀を強調せんとの意思が働いているのではないのか！」

ハイ、ハイ、そりゃあ意思は働きますとも、だってアレやコレや「ウォー・ギルト・インフォメーション・プログラム（WGIP＝戦争に対する罪悪感を日本人の心に植えつける為の宣伝計画）」なる、日本に罪悪感を植えつけ、占領下の日本を意のままにせんとの黒い考えを巡らしたのはGHQの方が先である。

この資料は、しかも歴史的事実であり、翌昭和二十一年（一九四六）に出現することとなる「日本国憲法」と奇妙な類似点を見せるのだから、文句をつけるなら、相手はGHQであろう。

犯人は――と云うと、かくも崇高なる憲法を押しつけてくれた占領軍に非礼と云うなら、単なる行為者と言い換えて――多くは行為前に本音を遺《のこ》しているものであると続ける。

日本敗戦後、降伏を要求した「ポツダム宣言」の十条に奇妙な記述を見つけた。

周りから怪しまれていると気付いた行為者が、その気配を否定する時に共通の反応を見せるのは、人権の無かったローマに於いても同様であろう。

「当方が、○○を○○しようとし、または○○しようなんて考えるワケがありません。だから当方は、ノットギルティ」

「ポツダム宣言」第十条には、こう書かれている。

「我々は日本人を民族として奴隷化せんとし、または、国民として滅亡せしめんとする意図を有するものにあらざる」

　この十条を書いたアメリカ人は、共に酒でも飲めば怖らく〝イイ奴〟か、或いは自信満々で無神経な〝田舎者〟であろう。

　精神の田舎者の特徴として、とんと本人は意識に無くとも証拠を遺してしまっている。「憲法の前文」がまさにそうである。

　退屈を堪《こら》えてここまでお読み下さったお方なら、とっくにお見通しでありましょうから、文章自体が日本語として非道いこともご承知であろう。

　和訳の段階で「日本人、気付けよ」と、押しつけられた証拠を遺そうとしたのではないかと深読みしてしまう程の非道さである。

　大意に至っては、日本が十一世紀に世界最古の長編小説『源氏物語』を物《もの》した国であることに思いも致さず、知識とデリカシーに欠ける内容で、吟味する気も起きない。

　前文が遺した証拠とは、その長さである。

第十三条とアメリカ独立宣言

かくも長きに亘って何をくどくどと言いたいのか。

まるで弁解と云うか、黒幕の正体を隠し乍ら何んとか正当化できぬものかと、焦りに焦って額から滴《したた》り落ちた汗がインクに混じっている気配。

何やら、子供が悪さをする。

犯人と疑われた子が三人。

それぞれを尋問する。

弁解の一番長い子が、犯人である。

一方的に自らを正義と思い込む精神の田舎者は、憲法草案作成のメンバーの中にも居たようである。

日本国憲法第十三条を英訳し直して、アメリカの一般的な若者に「コレハ、ナンデショウ？」と尋ねてみれば意外な答えが返ってくる筈だ。

「ＯＨ！　モチロン、シッテルヨ！　コレ、アメリカ独立宣言ノ文章デ、ＳＨＯＷ！」

第十三条には「すべての国民は、個人として尊重される。生命、自由及び幸福追求に対する国民の権利」とある。

一方、アメリカ独立宣言書はこうである。

「全ての人は平等に造られ、造物主によって、一定の奪い難い天賦の権利を付与され

――」とあり、天賦の権利の説明として「生命、自由及び幸福の追求が含まれる」。

この独立宣言を書いたジェファーソンが、日本国憲法第十三条を読めば「OH！　パクリデース！」と訴えられてしまうのではないか。

一応、反論してみようか。

「だがしかし、貴国の宣言文にある〈平等に造られ、造物主によって――〉の箇所は全くに見当らないのであるが……」

「OH！　当ったり前で、SHOW！　ここは私が聖書を念頭に置いて書いたのデース！　神道である日本は当然に消したのデース！」

人権の条項を担当させられたグループが〈造物主〉の性格を忖度《そんたく》し、キリスト教の匂う箇所を削り、文章をスリムにした訳である。

七日間と云う時間的制約もあろうが、スリムにせざるを得なかった事情は、それだけであろうか？

民政局のメンバーはニューディーラーの申し子

マッカーサーの命令のもと、憲法草案作成の為に招集された民政局のメンバーは、先述

Thomas Jefferson

(1743.4.13〜1826.7.4)

の通り、二十五人。

全て二十歳代の若者である。

若かろうが老齢であろうが、賢い者はあくまで賢く、未熟者はあくまで未熟者であるから、能力は年齢とは関係がない。

さて、二十五人は担当する条項別に分けられた。

人権を担当したのは三人で、ロウスト陸軍中佐と、ワイルズ、今一人は女性で、当時二十二歳のベアテ・シロタ嬢。

他の委員会にはアメリカのロースクール卒業生が多かったのに比して、何故か人権部門担当者となった三人は、全て法律の専門家ではなかった。

公法に無知であり、怖らくは満足に日本の歴史も知らない筈の二十歳代前半の三人の若者が、一国の憲法の件《くだり》を、わずか七日間で完成させなければならないと云うのである。

プレッシャーと云うより、そんな離れ業が常識的に考えて可能なのであろうか。

二十五人の若者達には、時代に影響された思想的共通点があった。

昭和四年（一九二九）に始まった世界恐慌を受けて、ルーズベルト大統領が唱えたのが「ニューディール政策」である。

社会的な計画をもって補強と修正を図らなければ資本主義が立ち行かないとして、希釈されはしたが、社会民主主義的な理想主義を掲げる人達をソフトソーシャリスト、いつしか「ニューディール」から、ニューディーラーと呼ばれるようになる。

二十五人の軍人は、この真っ只中に生まれ育った、まさにニューディーラーの申し子達であったのだ。

とは云うものの、二十歳代前半では、理想は高くとも経験と知識に不足がある。

学生気分も、まだ抜け切らない年齢と云えまいか。

不可能と思える難問を前に、彼等はどうするか？　どうしたか？

「あ！　人権なら、範とすべき〈アメリカ独立宣言〉が有るんじゃないか!?」

この推理は、九割九分九厘九毛程の高い確率で正しいと思う。

日本国憲法十三条とアメリカ独立宣言両文の類似点に学生らしい青臭さを嗅ごうとしても、怖らくアメリカ側も公法の専門家が手を入れ、更には日本側が和訳したのだから、その痕跡は、その気になって鼻近付けても湮滅、いや蒸発してしまっているであろうから、今なおピクピクと動く私の鼻先は、主観の部へと組み込まれてしまうであろう。

日本人の日本人による日本人の為の憲法

——と、ここまで書いて脱力感に襲われた。

考えれば、護憲を唱えるヒトがこれを読む確率は低く、読んだとしても「おお！ そうでありしかや！」と膝を叩き改憲に転じるとは思えない。

故に、現行の憲法についての随所に亘ってのこれ以上の考察は無駄と思われるから、矛先——は、一切の交戦権を禁じられているから（笑）、矛をペン先に替えて、護憲派に問いたい。

かくなる代物を、何故に金科玉条の如くに抱え込んで一顧《いっこ》だにしないのであろうか。

魔法が解《と》ければ、両腕の中に後生大事に抱え込んでいたモノの実体の無さに愕然《がくぜん》とする筈であるが。

どうやら現行の憲法の中味より、魔法のかかり方に解く鍵がありそうだ。

魔法にかかってしまっている者に、如何に正常を説いてもこれまた無駄であるので、以下は悔いての独り言となる。

ある条件下に於いて最善と思われたことでも、時間的経過によって不都合が生じるのは至極当然であろう。

ところが、憲法に限っては変更するはもちろん、触ることすら許さず、「九条二項を守りさえすれば日本は平和である」との考えは、ある宗教を盲信する信者の祈りのようである。

「戦後の七十年が平和であったのは、このおかげ」「これを動かせばたちまちに平和が損なわれる」等々、まるで「コロリ転がる木の根っ子」の寓話《ぐうわ》と、自身が水棲の妖怪の国にいると信じ込んだ男を描いた芥川龍之介の『河童』を思わせる。

今ほどにはこじらせずに、この問題を解決するチャンスはあった。

昭和二十七年（一九五二）四月のサンフランシスコ講和条約発効をもって、アメリカによる日本占領は終わった。

この時に、何故に、日本人の、日本人による、日本人の為の憲法をつくろうとの声が上がらなかったのであろう。

冒頭部辺りで、「互いに先入観を捨て去り、白紙の上に〈日本国憲法〉が立っている」としたが、この前提は大間違いである。

現在、護憲を主張する派も、同じ間違いを犯している。

憲法の出現の背景が白紙であろう筈もないのである。

「互いに先入観を捨て去り、国家論の上に憲法が立っている」が正しい。国家と憲法のどちらが先に出来たかを問うて、間違えたとしたら幼稚園、いや生まれるところからやり直すことを勧める。

まず国家ありけり。次に存在のあり方について論じる国家論がなくてはならず、同時に国家に至る歴史観を養った上での、法哲学的呻吟の末、生まれるのが憲法である筈だ。

護憲派は、この、国家——国家論——歴史観——法哲学——の過程を無視して、いきなりに「憲法ありき」から始める。

『2001年宇宙の旅』に登場するモノリスではあるまいし、突如として憲法が立っている訳はない。そのモノリスでさえ、続編で歴史があったことが明かされる。

新免武蔵と吉岡憲法

書いても語っても所詮は無駄であろう独り言も、エイヤ！　の気合いで止めて、以下は気分転換も込めた、エイヤの冗談話。

辰の上刻。

constitution
Hiroshi Kurogane

洛西船岡山麓にひらける蓮台野――。

場所の特定だけでバレたの感あるも、構わず続ける。

男が近付いてくる。

それを見定めて、床几から腰を浮かせた男がおらぶ。

「遅いぞ！　ムサシ！」

ムサシと呼ばれた男がおらび返す。

「早いぞ！　ケンポウ！」

「ケンポウ」とは、京流吉岡道場当主、吉岡憲法。

「ムサシ」と呼ばれた男のフルネームは、新免武蔵守藤原玄信。

吉川英治を筆頭に、「ケンポウ」を描くほとんどが、その名を吉岡清十郎とするが、吉岡側の資料『吉岡伝』では、吉岡憲法直綱とする。

余計な説明をしていると、勝負が終わってしまう。

「武蔵！　おぬしはシブヤン海に沈むぞ！」

「訳の判らねえことほざくんじゃあなあぞ。やい憲法、汝《うぬ》の名は〈大〉と〈帝国〉に挟まれとる方か？」

「何にも挟まれぬわ！」

「へ？　すると、単なるマッカーサーの日本国憲法の方か？」

「何を世迷い言を申す。それよりその方、一刀では敵わぬと見て、二刀を抜くか」

「ふん、我が一刀の名は護剣（憲）、今一刀を改剣（憲）とぞ云うなり」

イカン！　もう我慢ならぬ。はよ、エイヤ！　とオチつけて、この章を終わろう。

武蔵が言う。

「いまという、いまなる時はなかりけり、まの時くれば、いの時は去る」

憲法が言う。

「力なくば、安全も生命もなかりけり、支那兵くれば、アメリカ軍は去る」

エイヤ！　この章、おシマイ。


――了――

第二章　日韓併合を考えて脱韓論に至るの弁

——悪友親しむ者、共に悪名免《まぬ》かるべからず

極東町内の四軒の家々

弁解したところで詮無く、また、するつもりもないが、韓国問題を考える時、日本人はどうやらスタート地点の選択を間違えていたように思う。

譬《たと》えは乱暴でも、ここを押さえておかないと続く後輩達も我々同様のミスを犯す可能性が残る。

四カ国、つまり日本、韓国、中国、ロシアの位置関係と特質をそれぞれ一軒の家として見直してみるところから始めたい。

まず、水の上に一軒の家がある。日本である。大和家とする。

少し離れたところに今一軒の家がある。朝鮮である。金《キム》さんの家。この一軒は後《のち》に二軒に分断されるが、この時点ではまだひとつにまとまっている。

更に今一軒がその先にあって、これが敷地面積の広い、造作はともかくやたらにデカイ家で、意味なく威張って何故か昔から尊大である。中国であり、態度の理由は中華思想。今は漢さんが住んでいるが、昔は「清《しん》」という表札が掛かっていた。

北の方角に、譬える最後の一軒がある。

ILLUSTRATED
BY
Kurogane

これまた馬鹿デカイ家だが、北向きに建てられており、何かにつけ寒さが付き纏《まと》うので、常に南の方の土地を手に入れたいと考えている。もちろんロシアで、イワンの家。

とり敢《あ》えず、この東アジア、いや、この町内は以上の四軒で成り立っている。

この四軒がゴチャゴチャと何かと揉《も》めるのは、寒さを動機に最北の一軒が動くのが専《もっぱ》らである。

後に大和家とイワン家が一家を挙げての大喧嘩に発展――譬えを歴史に直せば日露戦争の原因も同様であった。

譬え話は、その日露戦争の前、更にその前の日清戦争の辺りから始まる。

この四軒以外にも〈地球町〉には当然に家はあって、漢さんが住みつく前の清さんの時代にこれを攻めたものがある。

イギリスであり、歴史で見れば阿片戦争で、ま、チャーチル家としておく。

阿片戦争は二度もあって、後の方にはドゴール家（フランスですね）もしゃしゃり出て、清さんから多額の賠償金をせしめた。

この時、戦争には加わらなかったが、ルーズベルト家（アメリカ）もイワン家もドサクサに紛れて清さんに対し様々な特権と土地の一部の割譲を認めさせた。

特にヒドイのはチャーチル家で、この海賊のやり口としか思えない暴挙を知った大和家は大騒ぎとなった。

彼等の手口には法も正義もあったものではない。

圧倒的な武力、元い腕力でチャーチル家は清さんを一方的にぶん殴り家財は強奪するワ、土地は分捕るワで、まるで強盗そのもの。

困惑の余り大和家内で大揉めに揉めているところへ、ルーズベルト家の使者としてペリーがやってきて閉め切った雨戸を激しく叩いて開けろとわめく。

大和家では、当時の家長（徳川である）が取り替わる事態にまで発展する。

"隣家"をめぐり明治政府に政変

再出発を決めた大和家では、家訓も単なる大和魂に西洋の学問を加え、和魂洋才とし、何んとかチャーチルやルーズベルトにぶん殴られる事態だけは避けることが出来たが、奇妙な約束だけは押しつけられた。

長く悩むことになる不平等条約である。

清さんも金さんも殴られるだけ殴られて、血だらけでもはや歩行も困難な有様。

イワンの身勝手な寒がりは続く。

チャーチルに加えてドゴールやハンス（ドイツ）までが見倣《みなら》って三軒を狙って遠くから押し寄せる。

あのですね、いちいち律儀に譬えるのも煩雑に過ぎるし、書くべきことは他にあって、かといって譬え終わらないと先に進めないので表記がところどころ継《つ》ぎ接《は》ぎになる点はご寛恕《かんじょ》を願う。

チャーチル家、ドゴール家、ハンス家など西欧列強の帝国主義的なアジア戦略に対して、勝海舟や西郷隆盛は対抗策として、神戸、対馬、釜山、天津などに海軍の本拠地を置き、日、韓、清の三国による合従連衡《がっしょうれんこう》を構想するに至る。

チャーチル家、ドゴール家、ハンス家が組んだ白人強盗団に対して、大和家と金家と清家で対抗せんとのアイデアを提案した訳である。

この三家の合従連衡案は大和家以外の理解力と能力の不足によって頓挫する。

能力に含まれるものかは考えようだが、当時の金家の大和家に対する非礼は度が過ぎた。

要は夜郎自大《やろうじだい》にして世間知らずの田舎者ということなのだが、一家の上から下までがそうなのだから、特に誇り高き武士《もののふ》出身の新たな指導者で占められた大和家では耐え難い屈

ILLUSTRATED
BY
Kurogane

辱として受け取った。

金家の最上位にある大院君からして、大和家が新政府樹立を報《しら》せる国書を送った際には、この受け取りを拒否するという無礼で応えている。

如何《いか》に前近代的にして外交に無知とは言え、品無きを通り越した蛮族の所業である。上が上なら下も下で、以後金家では根拠もなく「大和家は禽獣《きんじゅう》にも劣る」として、大和家よりの正式な使節を粗末な小屋に待たせてみたり、公衆の面前で辱《はずか》しめるような高圧的な態度を取り続ける。

彼《か》の民族の、いや金家の家風であるか、調子に乗り易いというか、発想が幼稚なのか、大和家の公館への正当な食料の供給を拒否してみたり、門前に謂《いわ》れなき侮辱を書き連ねた文書を貼り出したりと、愚行は止まらない。

現在の慰安婦とやらの像の設置によく似たり。やはり家風であるか。

そんな折、つまり明治六年（一八七三）に、明治新政府内に於いて政変が勃発する。

遣欧使節として欧米視察から帰国した大久保利通、岩倉具視、伊藤博文、木戸孝允《たかよし》らと、留守政府側の西郷隆盛、板垣退助、江藤新平、副島種臣らが対立したいわゆる「征韓論政変」である。

この後に述べる日清戦争同様に、西郷のこの「征韓論」を、今も多くの日本人が誤解したままであるようだ。

朝鮮やシナの本質見抜いた西郷

誤解の専らは、士族の不平不満の解消策としての朝鮮との開戦であり、そのきっかけとして西郷自らが殺されての口実作りの二点であり、後者は板垣宛西郷の文面を証拠とするが、強硬派を諫《いさ》める為の方便であることは明白である。

他の単純な征韓論者の中味と西郷のそれとは性格が異なる。

西郷は既に側近を朝鮮に派遣して情報収集まで行っていた。

その上で「本当の文明ならば、未開の国に対しては慈愛を本とし、開国に導くべきだが、欧米列強は未開蒙昧《もうまい》の国に対するほど、むごく残忍なことをして自らを利している」と、西洋文明の本質を説き、踏むべき正道《せいどう》、有道《ゆうどう》の方向を指し示し、アジア諸国と結んで西欧列強に対抗すべきであると、あの「一日会えば一日分惚れられる人」と言わしめた西郷が出向いて説いていれば、いっかな頑陋《がんろう》不明な朝鮮と雖《いえど》も、もしやと思わせるが、大和家に於いては征韓論は容れられず、西郷達は下野することとなる。

その後の日韓の不幸を避けられたかもしれないひとつのチャンスはここに失われた。西郷の正しさは二年後の日本軍艦、雲揚号《うんようごう》を朝鮮が砲撃した江華島《こうかとう》事件で証明される。正当防衛ではあったが、結果としてペリーがやった砲艦外交に日本も愚を重ねた。骨のある抵抗なら続ければ良いと思うが、元より先の嫌がらせ同様に思い付きの砲撃であったから、掌《てのひら》を返すように日朝修好条規が締結されることになる。

これを知った西郷は、「天理に於いてまさに恥ずべき」と、ペリー同様の軍事的威嚇は断じて避けるべきであったと叱る。

ここにも西郷の征韓論の本質が覗く。

福沢諭吉も「大久保らの、かつての征韓論反対は何んであったのか」と批判した。朝鮮側は自らが先に砲撃したことには頬被《ほおかぶ》りを決め込み、砲艦外交をやられた屈辱感だけを忘れないという、今に変わらぬ例の癖を見せる。

清家も金家もやる気が無いどころか、事態の重大さに気付かず、洋の技術を最短で学習して対抗せんと焦る大和家を、やれ洋夷じゃ、それ裏切りよと的外れに罵《ののし》る始末。

清家には〈華夷《かい》秩序〉なる家訓があって、つまり自らは中華帝国として君臨し、夷《えびす》（蛮族）とする周辺国は朝貢し我が保護下にあるべきだと勝手に思い込んでいる。

特に朝鮮は属国と見做《みな》してそのままにして、本来の敵が西欧列強であるのに、日本叩きに出る清家の時代音痴ぶりは如何んともし難い。

いつまでも属国と見做される金家も金家で、元は清家の庇護の下にあり、その期間は二千年もの長きに亘っているから、宗主国、いや親分のいう事につい従いたくなるのは、刷り込まれた下僕根性という他はない。

ここまでも譬えは乱れに乱れたが、四つの国の立場を手ばやく説明する役目は一応終えたとして、ここから通常の表記に戻す。

日清戦争は野蛮に対する文明の義務

ついに、日清戦争が勃発する。

三国で組んで西欧列強に対抗する筈《はず》が、組むべき三国の二国が戦うというのだから、欧米から見ればアジアの同士討ち、内部紛争の如きに見てとって嗤《わら》った。

嗤われようとも怒るべき時は怒るべきである。

福沢諭吉も怒った。

「かの頑陋不明なるシナ人の為に戦さを挑まれ、わが日本国民は自国の栄誉の為、東洋文明の先導者として、これに応ぜざるを得ず」と、日清戦争について記す。

福沢の論に内村鑑三も「日清間の戦いは、野蛮に対する文明の義務である」と筆先を揃《そろ》えた。

清側の言い分は、属国朝鮮の独立など認めてたまるものかと、あくまで前近代的で、ついにはヒステリックに軍事力に頼ったものである。

朝鮮に頼まれた訳でもなく、良かれと思った理想の元が、自国の危機脱出であってみれば、代理戦争の性格についての説明を加えても虚しい。

日本の誇る英傑、かの西郷までが西南戦争で命を落とした理由が朝鮮問題と縁浅からずと呟《つぶや》いても、今となってはこれも虚しい。

正道、有道なる理想の道を貫き、西欧による植民地化の怖れはあったとしても、日本一国で立つべきであった。

何故か、西郷も福沢も、隣国二つがまさかそこまでの腑抜けとは知らず判らず、お人好しにもつい同じアジアと期待し仲間と見た。

学習しさえすれば、日本がそうであったように、朝鮮もきっとそうなると考えたが、国柄というものを見落とした。

朝鮮にも、金玉均や朴泳孝という西欧列強の横暴に危機感を募らせて、日本と結んで近代化を画策した若手改革派がいない訳ではなかった。

福沢は自らの慶應義塾に多くの朝鮮人、清国人の留学生を受け入れたり、先を見越してハングル表記の新聞発刊の為の印刷機を贈ったりと、物心両面の援助を惜しまなかったが、清国によって多くの進歩派は弾圧され続ける。

凡《およ》そ世界状勢の変化と、自国に対する危機感に関して当時のこの二国の理解力はゼロであったと言い切って良い。

朝鮮政府による刺客によって金玉均が暗殺され、その遺体が切り刻まれて晒《さら》されるという無惨を知るに及んで福沢が書いたのが『脱亜論』であった。

「悪友を親しむ者は、共に悪名を免《まぬ》かるべからず。我れは心に於《おい》て亜細亜東方の悪友を謝絶するものなり」。福沢は因循固陋《いんじゅんころう》なる清国や朝鮮の思考と体質に、協力と努力を重ねた揚句《あげく》、心底絶望したのである。

両国の本質は今も変わっていないように思うが、どうか。

弱体化の止まらない清国に、さすがに鈍感な朝鮮も気付きはしたが、彼の国らしいといえばそれ迄《まで》だが、奇天烈《きてれつ》なアイデアを思い付く。

金
玉
均
ILLUSTRATED
BY
Kurogane

何んと、最大の脅威である筈のロシアに対して不凍港の租借を代償に、軍事的保護を求めるというスットコドッコイ振りに、あの清国すらも慌《あわ》て、日本は更に驚いた。日清戦争に至る要因の専らは、そも不凍港を獲得したく思うロシアの南下政策にあった。不凍港の次は朝鮮半島がターゲットになるのは赤児にも判る予測であろうに、はたして後先を考えずに泣きわめいて敵の懐ろに飛び込むというあはれ。

半島がロシアの手に落ちれば、次なる目標は海を挟んだ日本である。

これを危うしと感じたのも、自国の都合よと言われればそれ迄だが、世界の構図など元は国々の勝手な都合で成り立ってきた。

滅茶苦茶な都合で、朝鮮が他国を危機に陥《おとしい》れるなら、これを阻止するのもこっちの都合だろう。

何かが欠落している韓国の思考

朝鮮に清国から独立して貰い、まともな国家として独り立ちして欲しい日本と、従属させたままの現状維持を主張する清とでは、道理と無理の不毛な鬩《せめ》ぎ合い。

無理を通して道理を引っ込ませる中華思想に対しての日本の我慢にも限度があった。

この日清戦争を、未《いま》だ日本の「侵略戦争」とする説があって、どこをどう解釈すればそうなるのであろう。

日清戦争に至った日本の動機を読み下してみれば「西欧列強に対峙する為に」（つまり現状での因循固陋な朝鮮と清国ではそれはならず）、「華夷秩序に固執する清や朝鮮を目覚めさせ」（このままでは日本も道連れにされてしまうから）、「朝鮮を独立自尊の国にする」（何んとか、この戦争で目覚めさす、いや目覚めて貰いたい、否《いな》目覚めて貰わねばならぬ）。

参謀本部の川上操六も「日本軍の砲声は、清の目覚めを促そうとする警鐘である。戦後の日本は進んで清と提携し、東亜の平和を維持せねばならぬ」と明解である。

歴史は捏造と改竄《かいざん》が、ソフトに云い換えれば解釈の差と被害者意識による思い込みが、史実から遠いところへと押し流すということは良くある。

勝者に於いてすらの記録の数多《あまた》の不備は、まして況《いわん》や敗者に於いてをや。

最近の「太平洋戦争」も、局所はともかく、大本のところすら意見の整頓は成されていない。

百二十年前の日清戦争を侵略戦争と見たがる動機とは何か。

ここを掛け違えれば、その下のボタンも、更にその下も、すなわち日露戦争も、日韓併合も、大東亜戦争も、正確な穴との巡り合いは永久に失われる。

日清戦争の、戦前と戦中は意図するところは明解であったが、戦後に禍根を残した。西欧に倣《なら》ってか、勝った日本は清に対して賠償金と領土割譲を要求してしまう。大義は立派でも結果が違えば西欧と同じ穴の貉《むじな》と云われよう。

日清戦争侵略説派は、ここを突きたいのであろう。

日韓問題を考える上でも、有道の国の大義から無道への変化の理由は、是非とも押さえておくべき点である。

かといって、全てが無道に変貌した訳ではなく、多くの面で余る程に有道は残った。賠償金や領土割譲を無道と責めるなら、第一次世界大戦や、続く大東亜戦争後の戦勝国も同類となるだろうが、アンタもやっているからオレもやるでは有道の理念が泣く。

日清戦争の汚点はさて措《お》いて、日韓問題を考える時、以上の如くに二国間だけの話では収まらず、他の二国も転び出る事実と地域的関係性。

本章の本題である日韓併合問題に至る前にここまでの伏線が必要である複雑さに、既に福沢同様に脱亜を唱えたくもなる。

あれ程、朝鮮の近代化に手を貸した日本を代表する人間、いや恩人福沢諭吉に対して

「我国の近代化の過程を踏みにじり、破綻へと追いやった我が民族全体の敵」とは、もはや身体のどこぞの何かが欠落していると断じざるを得ない。

日韓併合に限ったことではなく、歴史上の事例を語る時、その時点に立ち返って当時の世界常識や都合を加味して解釈し、時効のようなラインで遮断《しゃだん》する方法と、過去完了と現在進行形をロープで結び付け、今と未来の議題として息を吹き返させる方法とがある。

成熟した国では多く前者を支持し、未だ前近代的な国は後者を選択するようである。

併合前の朝鮮には、全土で小学校が四十程しかなかったが、中国からの独立には教育こそが必要だと考えた一人の日本人が一気に四千校以上に増やした。

この日本人は、寺内正毅一派が強権的日韓併合を進めるのに強く反対し、朝鮮人自らによる内閣を構想していたが、何故か暗殺された。

男を殺した為に日韓併合が早まるという皮肉な結果を招いたこのテロリストは、英雄として中国黒竜江省のハルビン駅で銅像になった。

殺されたのは伊藤博文で、殺したのは安重根。

伊藤暗殺の翌年、韓国は日本に併合された。

この併合を日本の植民地化というが、概念として以前のイギリス、フランス、スペイン、

ILLUSTRATED
BY
Kurogane

ポルトガル等々のそれと比べると明らかに性格は異なる。

ソウルには帝国大学も創ったし、留学生も多くを受け入れた。植民地にしようとするところに小学校数を百倍にし大学まで創る宗主国など過去には無い。

次に農地を開墾し、商業を興し、資本主義の理解を早めたというに、米を収奪し、既に存在した資本主義の芽を摘み、日本語と日本名を強要した――と、全くに逆のことを主張する。

「日本が朝鮮から強奪したもの」として、今も韓国が言い募る「七奪」である。

「七奪」には根拠が無いどころか、全てが捏造の類《たぐ》いだから反論すら阿呆らしい。

西欧列強による支配は植民地の王室を廃止したが、日韓の皇室が融合しての統治はそれには重ならない。「李王家の歳費」として日本政府が毎年計上した金額は現在の価値に換算して約二百億円程にもなり、日本の宮家の皇族費と比較しても圧倒的に巨額であった。

経済や待遇などは末梢なことで「日本が李王家を奪った」ことこそ重要というのなら、終戦時に朝鮮に帰国せんとした李垠殿下と王朝復活を断固として拒否し、共和制国家に移行したのは李承晩の意思ではなかったか。

李王家の面目を奪い消滅させたのは朝鮮人自身に他ならない。

次なる「奪」として「主権」を挙げるが、李氏朝鮮は長く清の属国であったから、元より主権など存在しなかった。

そも「日韓合邦」の嘆願書は日露戦争後、多くの朝鮮人によって李朝皇帝、統監、首相に対して提出された。

日本によって一方的に併合が成されたのではなく、多くの朝鮮人の意思によって推進された側面を隠そうとする。

「人命尊重」教えた日本

明治四十三年（一九一〇）、日韓は「韓国併合ニ関スル条約」を締結するに至る。これは日韓両国がそれぞれに国内法を踏まえ、当時の国際法にも照らし、国家同士が合法的に締結した正式にして正当な条約であって、日本が一方的にごり押しした結果などという子供の作文のような主張がどこから出るのか。

平成十三年（二〇〇一）の国際学術会議も「日韓併合条約は国際法上不法なものではなかった」と結論付けている。

法的な結論が出ている以上、他の「奪」に関する点検など今更不要だが、教科書にまで載せて捏造のｉｎｇを続けたい様子だから、テキパキと片づける。

韓国の主張する土地の簒奪《さんだつ》など無かったどころか、日本は近代的測量技術によって、それまでメチャクチャであった朝鮮側の数値を正確にした。具体的に申せば、それまで二百七十万町歩とされていた農地を四百八十七万町歩と正した。

如何なる国にも、跳《は》ねっ返りは出現するから、朝鮮のお国柄とも言えまいが、測量後増えた土地を売ろうとする輩が続出する中、日本政府は憲兵を差し向けてまで日本人への売買を禁止して朝鮮人の利権を守っている。

次に「朝鮮語を奪い、日本名を押しつけた」と教科書に書くが、話はここでも全くに逆で、朝鮮語を禁止した事実など一度としてない。

だいたい当時の半島に於ける日本人の割合は朝鮮人の九八％に対して二％ほどだったから、禁止などしたら日常生活が立ち行かない筈ではないか。

朝鮮語の廃止と日本語常用を唱えたのは、何んと朝鮮の知識人の方である。

「朝鮮語廃止論」を「廃止」させたのは日本なのだ。

「創氏改名」に就いては、多くの日本人も誤解している。

「日本人になって三十年近く経っても、日本式姓名を名乗れないのは朝鮮人への差別であ

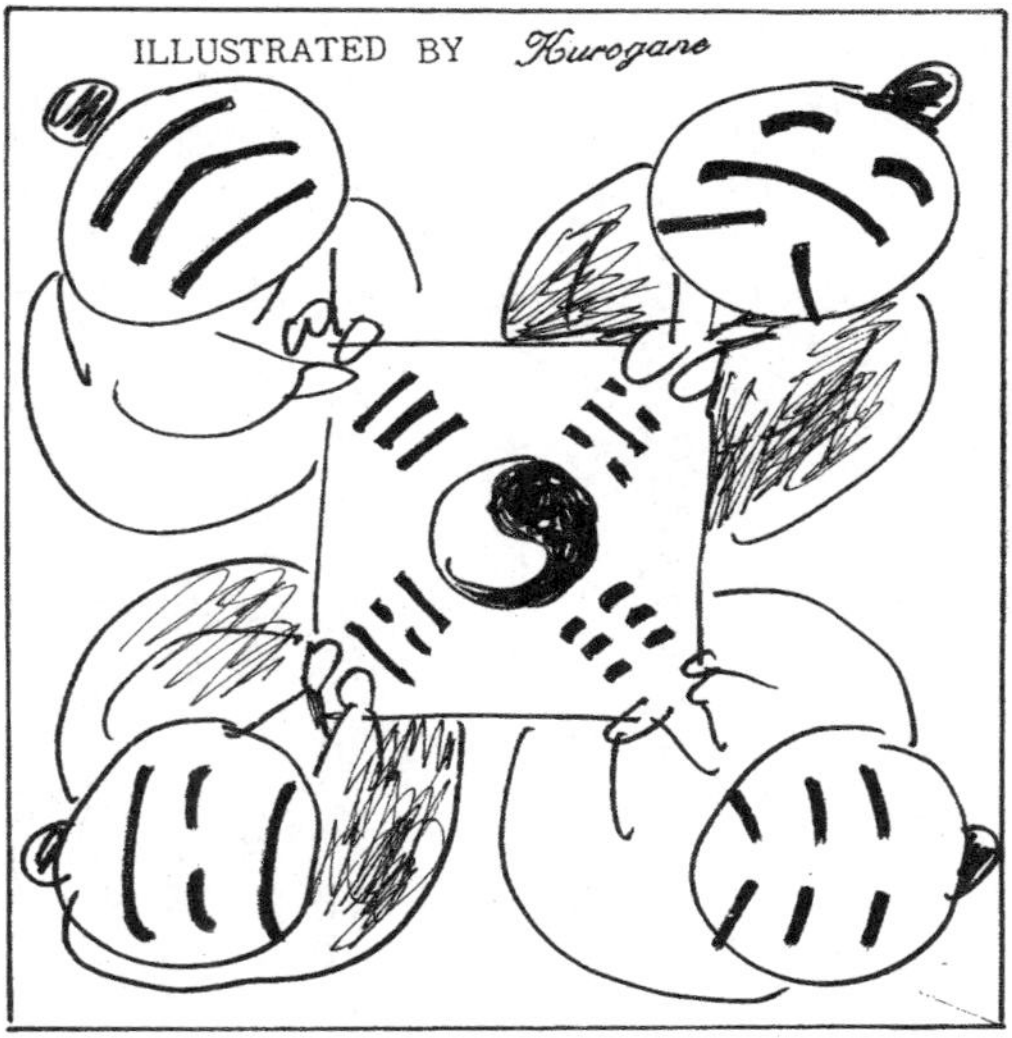
ILLUSTRATED BY Kurogane

る」と机を叩いたのは朝鮮人の方だ。

日本への密航増加と治安の問題を指摘する慎重派と、「一視同仁」の考えから内地人と朝鮮人を平等に扱うべきとする推進派が二派に分かれて対応に窮した。

結果、昭和十一年（一九三六）の戸籍法改正に至るのだが、朝鮮の文化伝統を重んじる日本は夫婦それぞれの「姓」を戸籍上に残し、「氏」としてファミリーネームを創った。この「氏」は朝鮮姓を用いるのが基本だが、希望すれば日本式にも出来た。

朝鮮人としてのアイデンティティを残しつつ、日本人と同等の権利を獲得できるグッドアイデアであったが、またもや朝鮮側からクレームがついた。

「せっかく日本人の苗字が名乗れても、下の名前が朝鮮式のままでは意味がないので、名前も変えさせてくれ」との要望が引きも切らず、ついには日本側もこれに対応し、裁判所に申請し、正当な事由有りと認められた場合に限り、可としたのである。

これが「創氏改名」であった。

「米を収奪した」については先述の農地の近代的測量技術を駆使した事実で充分であろうが、いつまでも「盗った！　盗った！」と騒ぎ続けるので息の根を止めておく。

併合なった朝鮮の水田を見て日本は驚いた。

古代さながらの天水頼みの農耕は、飢饉による多数の餓死者を出し続けていた。

そこで日本は「朝鮮産米増殖計画」で改造に踏み出す。

かつて朝鮮全土で一千万石ほどであった生産高は、計画実施の結果倍増の二千万石に達し、大豆や雑穀類も六〇%を増やした。

更に「朝鮮農山漁村振興運動」によって、農家の収入は二倍に増えている。

「命も奪った」というから、直接的な「命」にも触れておくが、西洋医学の普及していない李氏朝鮮時代の衛生事情は劣悪で、疫病によって度々十万人単位の人命が失われていた。

併合後、日本は近代医療を朝鮮に導入する。

明治四十三年（一九一〇）当時の朝鮮人の平均寿命は二十五歳程度であったが、導入後三十年にして、四十五歳にまで延びた。

命を奪ったか、命を救ったか、歴史を識《し》れば判るしごく単純明快な事実ではないか。

日韓併合によって生じた単純明快なる景色を物差しにして、平成二十六年（二〇一四）に起きた韓国の旅客船「セウォル号」沈没事件にあててみる。

身分を偽って、まっ先に逃げた船長は、かつて海難事故では日本の自衛艦に救《たす》けられていた。救けなければ今回の事故もなかったかもしれぬ。救けた日本が悪かった。

船にしても日本が造った。安全など二の次に利益優先に改造しまくるお国の性癖を無視してお譲りしたことは思慮を欠く。日本が悪い。

船長が逃げた、乗組員も逃げたとお怒りのようだが、そもお国のトップ達は歴代に亘って逃げているではないか。

清国建国前の満州軍による朝鮮侵攻の際も李朝の仁祖《じんそ》は江華島へと逃げた。第二次日韓協約の際の高宗も逃げた。韓国初代大統領の李承晩も逃げた。遡《さかのぼ》って、秀吉の文禄、慶長の役に於いてもトップ達は逃げまくった。

お国では、ことあらばトップが逃げ出すという、雅《みやび》といおうか、奥ゆかしいというか、何んというか、〝逃げの美学〟のようなものが育《はぐく》まれてきた。

逃げと同様に、お国は近代的な「機械」というものを理解したくもなければ造りたくもないようで、その結果「パクる」という行為が日常化なされた。普通ではなかなか出来ないことで舌を巻く他はない。

平成十五年（二〇〇三）二月の大邱《テグ》市の地下鉄放火事件でも、運転士は「席を離れるな」と言い残して自分は逃げて百九十二人の死者を出した。

逃げるのは、お国の美学でもあろうから、何も言えないが、思えばこの地下鉄も日本の

ILLUSTRATED
BY
Kurogane

援助によって出来たが、力量と性癖とを考えずにかくも危険なモノを造って差し上げた日本が悪い。

セウォル号には修学旅行中の生徒が多かった。これも小学校の数を増やしたりせず、そのままにしておけばと悔やまれる。

伊藤博文は全くに余計なことをした。

先見の明を持つ安重根がこれを殺したのは、げに当然のことといえるやもしれぬ。

農業を改良し、収入を増やし、寿命など延ばして、本当に悪かった。

お国がメチャクチャなことを言うようになったのも日本の所為《せい》であろうが、今、日韓併合を点検するに、感謝されこそすれ恨まれることなどひとつだに無きように思うが、逆恨みの逆さの根拠すらないというに、捏造、改竄《かいざん》、虚言《きよげん》によって、プライドとも云えぬ、奇妙な立場を主張する民族と国にした日本の責任は重かろう。

もう係わりなく、福沢先生の背中を追って、ここに〝脱韓論〟を唱えるに至る。

合掌

——了——

第三章　日本カラ、フト消えし島

——先人の背骨の強さに思い馳せれば……

『アラモ』と「新大陸発見」

ジョン・ウェイン制作／主演による映画『アラモ』は、エンターテインメントとしてなら、今でも好きな範疇《はんちゅう》に入るが、史実を踏まえるとなると、0点どころかマイナスの評価となる。

伝えられる歴史の全てが真実であろう筈《はず》もない――どころか大いに「虚」である可能性が高いと構えた方がミスは少ない。

歴史に「虚」を採用するに於いては、必然と偶然があろうが、前者の場合は意思が働いて当然に作為的である。

後者は資料が揃《そろ》い、研究が進めば訂正される可能性はある。良心あらば――の但し書きは付くが――。

ジョン・ウェインの『アラモ』の場合、当然に前者だが、彼の愛国心はしごく単純であるらしく、「虚」には一向に気付かぬ風で、一方的に砦側の悲劇性と攻めるメキシコ軍の無法振りを強調して映画は終わる。

当時は、常に立派な主人公を演じるジョン・ウェインのファンにならざるを得ない事情もあり、加えて年若の分際では内容の疑義を糺《ただ》すなど、夢にも考えられなかった。

まるっきりにというか、砦に立て籠るアメリカサイドの正義が描かれたそれを信じたことは今もって情無い。

配給を受けた全世界も、それを観た観客も、片方の当事者であるメキシコを除いては同様であったろう。

今にして思えば、アメリカの陰謀に加担させんが為の立派なプロパガンダ映画だった。

〈アラモ〉の史実を識《し》ったのは、かなり長じてからである。

一八二〇年代の〈アラモ〉の刻《とき》に話題を移す前に「新大陸発見」なる文言にも触れておきたい。

「新大陸発見」という「新」とは何か？

立派に先住民が居たではないか。

更には、この「先住民」なる言葉も不遜である。

自らを主体に据えて、あたかも勝手に先に住んでいたかのように無神経さを押しつける。

白人以外ヒトに非《あら》ずの偏狭さと思い込みによって、「新大陸」だの「先住民」などと抜かして驕《おご》り高ぶったまま、傍若無人にも彼らはそこに土着した。

小手を翳《かざ》して彼らが見やった視線の先には広大なテキサスの大地があった。

当時のテキサスはメキシコが統治——と云うが、これもテキーラを飲み過ぎたソンブレロ野郎達の一方的な言い分で、当然にアパッチやコマンチにとっては無法この上ない言い掛かりであった。

アラモ砦から「領土」を見れば

時代を移して一八二〇年代。

メキシコ政府はアパッチやコマンチの抵抗に手を焼いていた。

見方を変えれば、勝手に他人の家に押し入ったのだから、当然の反発を受けただけの話である。

当時の広大なテキサスに於けるメキシコ系住民の数はわずか一万人に充たなかったから、あっちでもこっちでも頭の皮を剝がれた。

「お困りのご様子ですが、開拓民としてアメリカの入植は如何《いかが》でしょう？」

またもやテキーラの飲み過ぎか、はたまたアパッチやコマンチ対策に音を上げてか、メキシコはアメリカ人の入植を許可する。

酔っ払ってはいてもメキシコは奴隷禁止の国であったから、「開拓民に奴隷を含んではならぬ」と条件を付けることを忘れなかった。

刻の経過に比例して、アメリカは入植者の数を増やしていく。

十年後、アメリカからの入植者数は三万人を超え、メキシコ系住民を上廻ったが、先の約束を反古にして、その三分の一は奴隷を引き込んでいた。

膨れ上がった数を頼んで税金を踏み倒す。

怒ったメキシコはサンタ・アナ将軍を差し向け、約束の履行を迫ったが、待ち伏せを受け多数の兵士を殺されてあえなく返り討ち。

更にアメリカ人入植者達は奇妙な論理でメキシコを非難してみせる。

「かくなる威圧的なメキシコ政府のもとに在っては、我々入植者は安心して住むことが出来ない」

スタートからして変だが、ここに至っては当方のアタマの方に問題があるのではないかという気にさえなる。

「そうだ！　民主的に住民投票によって、テキサスの独立を図ろうではないか」

冗談はアパッチ、それはコマンチ。

独立も民主的もないもので、アパッチやコマンチの立場はどうなる!?

投票はすみやかに終了。

三倍の数が物を云い、民主的（?）多数決によって、ここに高らかにテキサスの独立を宣するものなり。

ついにメキシコはテキーラの瓶をサボテンに叩きつけ、千六百人のメキシコ兵は三百人が立て籠る〈アラモの砦〉に向かうのであった。

アラモ全滅の報を受け、アメリカ正規軍は「義勇軍」に化けてメキシコ軍に圧勝する。

結果、目出度く（?）テキサスはメキシコより分離独立し、すぐ様にアメリカに併合され、今日に至るのであった。

ちと、テキサスに長居し過ぎたが、かく、領土なるもの、ことごとく、正義も道理も、法も約束も毛頭関係なく、力ずくの原始的な単なる線引きに過ぎぬ好例として本章の冒頭に据えてみた。

どう見ても樺太は「日本」だった

さて、暑いテキサスから本題である寒い樺太へと移る。

一面の白色の世界を小さな黒点が移動していく。

黒点は徐々に大きさを増して、やがてカタチはヒトであることを主張する。

頭頂に髷《まげ》を乗せ、紋服に二本差しであるところを見ると武士であるらしい。

樺太に武士とくれば、間宮林蔵であるが、時代はいつであろう。

幕府の命を受け、松田伝十郎に従った後の最初の樺太探索が文化五年（一八〇八）、島であることを確認するのが翌文化六年（一八〇九）、その後鎖国の禁を破っているが、幕府より林蔵に与えられた使命は、「ロシアの侵出は極東の何処《いずこ》までなりや」というものであったから、その後の大陸への渡航は織り込み済みであったのだ。

日本やロシアに干渉される以前の樺太は、北部にニヴフ（ヒ）民族、中部にウィルタ民族、南部にアイヌ民族が暮らしていた。

林蔵は〈樺太人〉と総称するが、なにやら先述のアパッチやコマンチの存在に重なる。

ともあれ、林蔵は樺太人達と共に海峡（後の間宮海峡）を渡り大陸に到達、黒竜江下流まで調査し、記録として『東韃《とうだつ》地方紀行』を残す。

当時のロシアの極東に於ける支配は無きに等しく、林蔵は清国人の方が多いと報告している。

Hiroshi Kurogane

幕府が林蔵に調査を命じたきっかけは、対日通商要求を無視されたロシア使節代表レザノフが、腹いせで部下フヴォストフに命じた文化三年（一八〇六）の樺太襲撃、翌文化四年（一八〇七）の択捉島襲撃である。

当時の日本の領土にロシアがちょっかいを出すカタチは歴然。

ならば、それ以前の樺太はどうか。

中国や朝鮮の古書は「日本の北は黒竜江口――」と樺太の北の端まで日本の領土と認めている。

千年下っての正保三年（一六四六）の松前藩の記録に「唐渡之嶋《からと》」とあり、文字通り「唐に渡る島――すなわち大陸と日本の境界」と表記している。

時代を性急に下り過ぎた。

歴史の針を四百年戻すと蒙古（後の元）の時代で、一旦は三千人の兵士の派遣によって朝貢のカタチをとるも、反乱もあり、永仁五年（一二九七）、蝦夷代官安藤氏と共に樺太アイヌ達は黒竜江流域まで攻め込んで元と戦っている。

この一件は樺太アイヌが大陸側よりも日本側であったことの証左となろう。

百年も経つと元は衰退し北走、樺太への干渉は消える。

この後、豊臣秀吉の代を経て江戸末期に至るも、松前藩による樺太の支配に対するロシアの特筆する程の出来事はない。

赤い服のサンタならぬ領土ドロボー

ロシアがロシアらしく、雪のスダレの中に黒いシルエットとして現れるのが、先述の林蔵の樺太探索直前の襲撃事件二例だが、四年後の文化八年（一八一一）、司馬遼太郎の『菜の花の沖』に詳しい「ゴローニン事件」が勃発する。

今日の領土問題に繋がる発端とも云える一件だから顚末《てんまつ》は小説に譲って、きっかけをつくったロシア側の思惑に注目する。

ロシアが当方への領土拡張を思い立った最初が、十九世紀初頭のこの頃で、オホーツクやペテロパブロフスクを拠点に千島列島への侵出を開始している。

同時期の日本も松前藩がアイヌとの交易を始めており、北千島で赤い服の外国人が番所を構えているとの報告を受けている。

林蔵が黒い点として動く頃のことである。

ここに日本は、ロシアによる千島列島侵出を初めて知るのである。

雪の中の赤い服の外国人がサンタなら良かったが、性格はまるで逆で、プレゼントを要求するのであった。

「ゴローニン事件」では、ロシア軍艦ディアナ号艦長ゴローニン達を日本側は拘束したが、国後島沖でロシア側が拿捕《だほ》した高田屋嘉兵衛達との交換によって約二年後に決着。

拘束だの拿捕だのと聞くと二年間が緊張のしっ放しと思いがちだが、当時の情報不足と伝達の遅さによって、内実はわりと緩かったようだ。

文化十年(一八一三)、一応の一件落着後も、ロシアの要求する通商に対して日本は拒否。

尚も国交樹立と国境画定を迫るロシアは、翌年の六月か七月、択捉島で交渉したき旨の文書を提出して帰国。

依然、幕府は国交は拒絶するも、国境画定交渉には応じると、文化十一年(一八一四)六月八日、使節を択捉島に向かわせるが、到着はロシア船が出港した後という互いの緊張感の無さとのんびりさ加減は時代であろうかと頭を掻《か》くしかないが、この時互いの意見交換が成されていればその後の領土を巡る日露の歴史の流れも変わったかもしれない。

日本が提示する筈であった案とは、択捉島までが日本領、シモシリ島(新知島)までをロシア領、中間に位置する得撫島《ウルップ》を含む島々は中立地帯として互いに住居などは構えないというものであった。

結局、二国間の国境画定は幕末のプチャーチン来航まで待つことになる。

嘉永六年（一八五三）に、彼はやってきた。

あれ？　同じパ行ではあるが、「プ」ではなくて「ペ」であるが？

六月三日、浦賀にやってきたのはアメリカのペリーであった。

ペの字に遅れること約一カ月の七月十八日、プチャーチンは長崎に着く。

ロシアのロシアたるロシアらしさ

長崎に於けるプチャーチンの、樺太・千島の国境画定と通商の談判は決裂するが、二年後の安政元年（一八五五）、日露和親条約（日露通好条約、下田条約ともいう）が締結された。

幕府は樺太・千島は「我国所属」と認識していたが、さんざん現地で軍事威嚇を繰り返してきたロシアに気圧《けお》された。条約内容は結局、千島列島に関しては得撫島から北をロシア領クリル諸島とし、択捉島から南を日本領とし、両島間を境界と定めるものであった。

Hiroshi Kurogane

樺太はどうか？

「界を分かたず是迄仕来《これまでしきたり》の通《とおり》」と、樺太に関しては帰属を明記せず、日露両国の雑居の地として先送りとした。

文久二年（一八六二）の遣欧使節・竹内下野守保徳による交渉も決着するを見ず、慶応三年（一八六七）、箱館奉行・小出大和守秀実をロシアに派遣するも樺太国境問題は解決せず、日露間の諍《いさか》いの火種として燻《くすぶ》り続ける。

——と、この辺り迄が樺太問題の歴史の分母といえる流れであるが、この後の幕府の瓦解に伴って懸案の解決は明治新政府に引き継がれることとなる。

明治政府が抱える外交諸懸案は多かったが中にあっても特に急を要する課題として「樺太問題」があった。

樺太——と雑駁《ざつぱく》なタイトルは付くものの、ロシアの左右に開いた目を真ん中に寄せたような見方は北海道をも見据えていたからである。

小出大和守のロシア派遣の成果を、先に「解決せず」と淡泊に流したが、談判の席上で「樺太問題」を危険な領域に引き込んでいたのは、彼の結んだ「仮規則」にあった。

すなわち「樺太島仮規則」である。

「仮の――」と但し書きを付けて安心していた小出は、ロシアの、ロシアたる、ロシアらしさを見落とした。

「仮規則」の第二項で、「未《いま》だ建物並庭園なき所歟《か》、全て産業の為に用ひざる場所へは移住建物等勝手たるべし」と「仮」ではあっても「樺太全島が日露の両属の地」であること、すなわち「雑居」を認めてしまったのである。

ロシアは「――勝手たるべし」の解釈をまさに「勝手に」拡大し、軍隊を送り込んで積年の願いである南下を開始する。

明治政府が気付いた更なる企み

当然に各地に於いて紛争が勃発する。

例をオチョボカ石炭山に見てみる。

侵入したロシアは、この所有の権利の証しとして樺太の大地に標識を打ち込んだ。

これを見た日本側は当然にこれを引き抜く。

ロシアの抗議に対し交渉に赴いた箱館府従事・東善八郎は、「そも『雑居条約』なるもの、小出大和守の一存ならば、反古同様なり」と突っぱねるが、ロシアには聞く耳どころかハナから聞く気さえない。

小出の迂闊《うかつ》はまだあった。

古来、アイヌ民族が日本に属するを忘れ、「アイヌの自立」をも規則に並べていた。日本がアイヌを「無理非道の召使方をしている」と、ロシアがいちゃもんをつける口実を与えてしまった。

元より、ロシアの野望は樺太の全島支配にあったから、後は武力を背景に押しまくる算段で、当時の日本の国力では如何《いかん》ともし難かったが、ようやく明治政府は更なる企みに気付いた。

ロシアの全蝦夷地の占領である。

これを如何《いか》に時の明治政府が重大事と捉えたかの証拠がある。

慶応四年（一八六八）、三月九日、最高首脳の三職（総裁、議定、参与）会議に於いて、蝦夷問題を取り上げて議論している。

この日付は、江戸開城を巡っての西郷と勝の会見や、五日後の三月十四日に発布する「五箇条の御誓文」よりも早い。

明治政府に於いては、江戸の無血開城や五箇条の御誓文より「樺太問題」の方が優先順位が高かったということである。

一カ月後の四月には蝦夷地を治める為の役所として五稜郭に箱館裁判所を置いたことも、明治政府の緊張が尋常ではなかった証拠の追加となろう。

ところが、翌明治二年（一八六九）、五稜郭が旧幕府の海軍副総裁・榎本武揚《たけあき》によって占領され、蝦夷地政権樹立を巡って箱館戦争が勃発、土方歳三率いる新選組の活躍などを挟んで面白いが、そこは司馬作品や拙著『新選組』等をお読み戴くとして（笑）、鎮圧後の同年八月十五日、政府は「蝦夷地」を「北海道」と改称している。

その後も「仮規則」を盾に、ロシアによる樺太侵出は止まらず、「産業の為に用ひざる場所」との文言を狭義に解釈し、東シベリア第四世紀大隊の本部は移すワ、多数の受刑囚は招じ入れるワ、日本漁場の一隅に兵営を構えるワと、所謂《いわゆる》実効支配に踏み出していく。

臥薪嘗胆して富国強兵を期す

当時、東京に在った英国公使ハリー・パークスは、ロシア陣営に食料を輸送していた英国商船ジョリー号船長ウィルソンよりロシア士官の情報を入手。

士官の曰く、「日本はサハリン（樺太）島に軍隊を有しないので、この地に対する日本

Hiroshi Kurogane

の権利は認められない。もし日本が戦いをいどむならば、その機に乗じてエゾ（北海道）も取るだろう」。

　時代によって正義の質も価値観も変容するは常だから、「今日の目で昨日を見てはならぬ」とは承知でも、ロシアの樺太に関するやり口は終始品性に欠けるというか、何やら歴史の育ちが悪いとしか言いようがない。

　ロシアの主張する旧幕府が結んだ「仮規則」について、日本は国際法上の効力を訝《いぶか》っていた。

　そこでパークスに問うてみた。

　パークスは、「政権が代わっても条約なるものは動かすべからざるものなり」と答えた。条約前段の規則であり、更には「仮」が付いているにもかかわらずである。

　パークスは、このままでは樺太全島が失われるばかりか、北海道も危ういから、その開拓と防衛にこそ専念すべきと説くが、英国公使の立場であれば自国の国益を優先して考えるのは当然である。そのことを差し引いても彼の説得は客観的であったといえるが、日本国内の意見は出兵強硬派と樺太放棄派に二分される。

　樺太に於ける以後のロシアの蛮行の数々と、涙ぐましい日本の対応をここに並べたところで、ナントカ犬の遠吠えの如くだから先人を見倣って口を閉じる。

当時、樺太開拓使最高責任者の地位にあった黒田清隆は、先の「蝦夷地政権」の主謀者で、助命なって新政府の一員となっていた榎本武揚を特権全権大使としてサンクトペテルブルクに派遣。

例によって交渉は難航するも、明治八年（一八七五）五月七日、ロシア・ゴルチャコフ外相と榎本の間で以下の「樺太千島交換条約」が調印されるのである。

（一）日本は樺太に於ける領有権をロシアに譲り、ラ・ペルーズ（宗谷）海峡を両国の境界とし、（二）替わりにクリル諸島（得撫島に至る十八島）全島を受け取る。

かくして、幕末以来の日露間の領土紛争はここに一応の決着を見たが、新政府の樺太放棄に対し国内では批判が巻き起こり、前原一誠達の「萩の乱」へと繋がっていく。

不満側の言い分も理解できるが、つまりはロシアの武力によって日本は土俵の外へと押し出されたカタチである。

明治維新以来、ロシアを筆頭とする西欧列強の侵略に対しての強烈な危機感からマイナス部分をプラスに転じるべく採った日本の選択は、殖産興業、富国強兵の臥薪嘗胆《がしんしょうたん》の道であった。

歴史を俯瞰《ふかん》すれば、他の選択肢は西欧列強による日本の植民地化の道に他ならなかったと確信する。

ボタンの掛け違い

初めての対外近代戦争となった日清戦争はどうか。

不可思議なことに、当事者である日本国内にすら「この戦さこそ日本の侵略の始まり」と解釈する向きがある。

ここで掛け違えれば、その下のボタンも、更に下も、すなわち日露戦争も大東亜戦争も、正確なボタンの穴との面会は永久に失われよう。

これ以上の日清戦争への深入りは本章の目的ではないから樺太を含む領土問題に絞る。

明治二十八年（一八九五）、清国は日本に講和を申し入れる。

詳細や経緯は省略して締結なった「日清講和条約」の骨子は以下の如し。

一、朝鮮の独立を確認
二、遼東半島と台湾および澎湖諸島の割譲
三、賠償金二億テール（約三億円強）の支払い（以下略）

条約締結わずか六日後の四月二十三日、早速にロシア、フランス、ドイツの三国が横槍を入れてきた。

いわゆる遼東半島の領有放棄を勧告する「三国干渉」である。

特に干渉の主謀者であるロシアの姿勢は強硬で、勧告とは字面上のことで、拒めば一戦も辞さずという、まさに恫喝《どうかつ》であった。

三国連合軍に、日本の陸海軍力では、とてものこと太刀打ち出来ない。

ロシアの軍事力の前に、またしても日本は土俵の外へと押し出された。

日本は、再び薪の上に臥《ふ》し胆を嘗《な》めた。

平成二十七年（二〇一五）は、日清戦争から百二十年、日露開戦から百十年、大東亜戦争終結から七十年。

順次、古いものから妥当な検証と解釈がなされつつあると思いたいが、大東亜戦争に敗れるや否《いな》や、パタと止まったどころか、不可思議で過剰な反省が加えられることとなった。

何んと日露戦争まで「帝国主義者による植民地を求めてのロシアとの戦争――」と記す教科書が出るに及んでは余りの歴史識らずという他はない。

自国防衛の日露戦勝で樺太奪還

何故に、明治を生きた人達は大ロシア相手に起《た》ち上がるに至ったのか。

当時の世界が日露戦争を如何に捉えていたかを示す、明治三十七年（一九〇四）二月八日付のフランスの新聞「ル・フィガロ」に載ったマンガがある。

白熊に準《なぞら》えるロシアの鈍重さのイメージはさて措《お》き、奇妙なコスチュームで一本橋の上に立つ日本の危うさ以外に、白人のアジア蔑視を感じるは僻目《ひがめ》か。

義和団の乱の後、ロシアの満洲への不法駐兵に対して日英米は抗議するが、白熊の更なる南下に危機感を強くしたのは地政学上からも日本であった。

今日では、新資料によって、互いの早トチリによる戦争であったとの見方もあるが、とまれ明治三十七年（一九〇四）二月五日、日本は開戦に踏み切った。

『坂の上の雲』の中で、司馬遼太郎は戦さに至る日露の立場について「ロシアの態度には弁護すべきところがまったくない。ロシアは日本を意識的に死に追いつめていた」と書く。

大国ロシアに小国日本が勝利する為の戦略は、戦争期間を約一年と想定し、戦局が六分四分となった日本に有利な辺りで講和に持ち込む「限定戦争」しかなかったが、未だしの感あって道は遠かった。

Hiroshi Kurogane

ところが、明治三十八年（一九〇五）元日早々のロシア旅順要塞陥落に続き、奉天開戦ロシア軍敗走、日本海海戦に於いてバルチック艦隊全滅——と、にわかに日本に有利な状況となった。

当初の日本側の講和条件ではサハリン（樺太）の割譲要求は九番目に置かれ、更に十番目に格下げされていたが、ここに急浮上する。

米国の北大西洋岸はニューハンプシャー州ポーツマスで、日露講和会議は開催されたが、ロシア全権委員、セルゲイ・ウィッテとの交渉は難航する。

ついに、日本全権委員、小村寿太郎が「貴殿は恰《あたか》も勝者の如くにものを言う」と皮肉を込めてなじってみせると、ウィッテは「ここには勝者もいなければ、従って敗者もいない」と、白熊の咆哮《ほうこう》かはたまた放屁の如き訳の判らぬ答えで煙にまきながら、非公式会議（秘密会議）を提案してくる狡猾《こうかつ》さ。

特にサハリン割譲については、同島を南北に二分する案が出された。

ロシア皇帝ニコライ二世は、しぶしぶこれに同意。

一旦は放棄した島であるからこの時点では「割譲」の文言も間違いではないが、樺太千島交換条約の経緯を識れば、「奪還」あるいは「回復」といえる質のものであろう。

ルーズベルトの〝原罪〟

次に樺太の立場に変化が生じるのは四十年後の大東亜戦争終結時のポツダム宣言受諾後に於いてであるが、過去に遡《さかのぼ》って史実を改竄するのが世界的ブームのようでもあるから、逆に現在にまで下って糺すべきである。

大東亜戦争中に出された「日本は野蛮国である」としたカイロ宣言。

宣した十一日後と十四日後の原爆投下に至ったポツダム宣言。

ルーズベルトの死を受けて米大統領となったトルーマンが、原爆投下命令書にサインした日付がポツダムでの会議中であった事実を今日の我々は識っている。

「平和に対する罪」などというファンタジーを法に持ち込んだ東京裁判から繋がるサンフランシスコ条約。

これらのカーテンによって、もどかしくも遮《さえぎ》られて、今やシルエットも朧《おぼろ》げな歴史の真実。

全体がそうなら部分もまたしかりで、ポツダム宣言受諾後、日本は樺太、千島を放棄するが、これはくれぐれもロシアに返還したものではない。

放棄後、速やかに然るべき国際機関で、正当なる帰属先が決定される筈であった。

Hiroshi Kurogane

そも、ルーズベルト、チャーチル、スターリンの三人がヤルタ秘密協定（ヤルタ会議）に於いて、ロシアに対する南樺太、千島列島の引き渡しの見返りとして、ドイツ降伏の三カ月後に「日ソ中立条約」の昭和二十一年（一九四六）の期限を待って対日参戦すると決めていたが、こんな密約など国際法上では無効である。

ヤルタの前のテヘラン会議で、既にルーズベルトはスターリンに対日参戦を求めた――というよりも、けしかけたという方がよりニュアンスが伝わる。

まさか、かつての「アラモ」の成功体験からの発想ではなかろうが――。

「ポツダム宣言が前提とするカイロ宣言では、台湾を中華民国、〝樺太・千島をロシアに返還――」などは歴史の経緯を識らぬドロボー一味の言い草である。

「樺太千島交換条約は平和裏に結ばれており、だからこそ日本人は第二次大戦後に日露戦争で奪った樺太を返しました」などと書く学者もいるが、「平和裏」とは、殴っている行為を遠望して、親しげに顔に手をやっていると見るが如き眼である。

スターリンが日露戦争の敗北をどのように考えていたか、昭和二十年（一九四五）九月二日、ミズーリ号の甲板に於いて日本が降伏文書に署名した日の彼の戦勝演説で判る。

「日露戦争の敗北は、我々の国に大きな汚点を残した。この四十年間、我々は、その汚点

がそそがれる日が来るのを待っていたが、遂にその日が来た。今日、日本は降伏したのだ」

犯人だからこその犯行隠し

雪深き国の白熊の積年の恨みと考えれば、つい頬も緩むが、広島の原爆投下から二日後、突如として日本に宣戦布告し、九日零時を期してロシア極東軍が満洲国境を越え侵攻した無法を思い出せば緩んだ頬も元へと戻る。

侵攻開始の九日は二発目の長崎への原爆投下の日である。

十九日、在留邦人保護の取り決めがなされるが、ロシア軍の無統制によって日本軍将兵に民間男子を含む五十七万人以上がシベリアを中心に抑留されて死を伴う苦役に従事させられた。

然るに、昭和三十一年（一九五六）の「日ソ共同宣言」はどうだ。

鳩山一郎と、河野一郎という二人の一郎が漁業交渉や日本の国連加盟同意の手柄と引き換えに、先のシベリア抑留という重大な国際法違反に対する補償を放棄、更に領土問題が残るという一文の削除すら受け入れている。

領土に関する代々の犯人が、良くいえば繊細にして慎重、はっきり申せば狡猾にして執念深きことを、良くいえばお人好し、はっきり申せば知恵足らずの二人は気付かなかった。

領土ドロボーに限った話ではないが、当然に犯人は自らの犯行に誰よりも詳しい。日本が北方領土返還を主張する時、ロシアが頑《かたく》なな態度をとり続ける訳は、戦後のドサクサに今ひとつ掠《かす》め盗った南樺太にまで言及されるのではないかと怖れるからではなかろうか。

犯人の記憶はしっかりしているらしく「樺太はロシアに返された」との言説を繰り返す洗脳を止めようとしないが、問題は被害者の方が帰属未定のまま不法占拠されているという事実に対して健忘症気味であることだ。

樺太であろうがサハリンと呼ぼうが、元より領土などというものは人間の都合で、先住のクマのプーさんの沈黙を良いことに、所有を主張し合っているだけとニヒルに構えるのは、人類が成熟するかもしれぬ未来の話で、国が十あれば、十の領土があり、十の主張がある如く、日本だけが聖人を気取る訳にもいかない。

一旦は樺太を取り戻せた明治という時代の背骨の強さに思いを馳せる。

ヒトは一代で成るものではなく、その集合である時代もまた、前を引き継いでいる。

明治の背骨は、江戸の細胞によって成る。

江戸の細胞とは武士《もののふ》の残滓《ざんし》であり、三百年をかけて醸成されたひとつのヒトの精神のカタチである。

歴史の領土というものも、先人が「武士力」をもって守ってくれた人間レースのバトンなのだ。

今日、樺太や北方領土を忘れることは、先人の背骨を引き抜くに等しいが、やんぬるかな、この国に精神の燃焼としてくべるべき「武士力」の有りや無しや。


——了——

第四章　八十年目の『南京のハロウィン』

――「詐の国」の詭道と「誠の国」の武士道

さても南京玉(騙)すだれ(誰)!?

アホの特性は「自らのアホさに気付かないところ」である。従って「アホ」には、アホである自覚がない。そのアホに向かって、「アホ」と言ってみたところで、アホには伝わらず、アホはアホであり続ける。そんなアホに対して、如何《いか》にアホであるかを諭《さと》したところで無駄であり、アホに、「アホ」と言う者もまた、アホであることになろう。

アホであることが判れば、知らぬ顔で通り過ぎるか、無視すれば済むが、そこに先方の意思が働いていた場合は厄介である。その意思は、憎しみや、復讐《ふくしゅう》心や、嫉妬などが複雑に絡み合っており、総合としての悪意が立ち上る。そこはなにせ、悪意であるから、嘘も許されると言うのであろう。

あ、さて――、と本題に入ろうとしたら、我が耳の奥で聴き覚えのある節回しと共に、あの歌詞が踊り出した。

あ、さて、あ、さて、あ、さても南京――と、ここまでは通常通りであったが、結びが違った。

あ、さても、南京、騙す誰?

Hiroshi Kurogane
あさても
南京…
Nanking

そも、彼《か》の国の孫子の兵法とやらに曰く。

「兵は詭道《きどう》なり」

「詭」とは騙すことであり、すなわち軍事は騙し合いであるから、騙された方が悪いというのだ。

つまり、彼の国の体質は、「詐《さ》」そのものであり、一方の我が国は、「誠《せい》」をその位置に据えてきた。

下品と上品が闘わば、下品が勝ち、ヘテロドックスとオーソドックスならヘテロドックスが、「詐」と「誠」なら「詐」が、「悪」と「善」なら「悪」が勝つ。

幸いなことに、「当初は」とか「当面は」の但し書きが、青息吐息ではあるが、未《いま》だ世界では付くらしい。

あ、さて、今日に於いて「南京事件」というと、昭和十二年（一九三七）の只一件を指すようだが、前にも同じ事件名をもって日本人に中国人が襲いかかった事例の二つ〈大正二年（一九一三）、昭和二年（一九二七）〉は、先の陰に隠された。

「詐」の国の言い分は、「数」が違うと言うだろう。

更に、昭和十二年（一九三七）七月の、在留日本人四百人中、実に二百数十人が虐殺された、いわゆる「通州事件」にも首を振る。

「数が、小さい小さい」

ならば、我国敗戦後、帰国せんとした日本人千五百人（三千人、一万人以上という説も）を虐殺した「通化事件」はどうか。

「詐」の国の住人は、またもや、「小さい」とそっぽを向くであろう。

被害者数が大きくなければ、「詐」の国では欠伸《あくび》の出る程のものらしい。

ここに「南京事件」を「南京大虐殺」（彼の国では大屠殺）とタイトルを大きくし、数も「三十万人」に増やした詐の国のからくりがある。

スケールのデカイ罠

悪業の数では、どこまでも分が悪いことは理解しているらしく、昭和十二年（一九三七）の一点に絞り、思い切って「三十万人」と、白髪三千丈の顰《ひそ》みに倣《なら》っての、生き証人も少なく記憶も朧《おぼろ》となろう八十年後に勃起するように仕掛けた国民党軍と蔣介石による罠《わな》であった。

げに、「詐」の国の執念深さと、詭道のスケールのデカイことよ。

戦後もすぐの、昭和二十年代を幼児の分際で通過したから、当然に「南京事件」なるものの存在は耳に入った。歳を重ねるごとに内容に加えられる残虐さと、犠牲者数が増える不思議に首を傾《かし》げた。名称も、いつしか「事件」から「大虐殺」となった。

傾げた首を元に戻したく、関連する書物が出版されると、可能な限り手に入れた。なにより、事件勃発の時点の景色を靄《もや》が覆《おお》うかのように隠しているから、もどかしさは一向に解消されぬままだった。

シナ事変のきっかけが、中国の言うように侵略であったか否《いな》かは本題から逸れるので他日に譲るとしても、多くの人命が失われたことに違いはないから、慎重に構えて、軽々しい譬《たと》えは控えるべきだが、日中の主張が複雑に絡み合う今日、視座を変えて単純化して判り易くすることは、一概に不謹慎とは云えまい。

〈他者の家に入り込んだ――〉と譬えてみる。他人の家に入り込んだ事情に就いてはさて措《お》くが、如何なる時代の、如何なる状況下でも、この行為は責められよう。

日清戦争の際、決して他国の国境を越えてはならぬと主張した勝海舟の慧眼《けいがん》は既にして有ったのだ。

同時代の先進国も似たような――というような弁解は、「盗人にも三分の理」の域を出ず、見窄《みすぼら》しい。

譬える目的は、その先の「盗人が盗人に盗まれる」の状態についての説明にこそある。他者の家を守るべき男達は逃げた。

逃げたからといって、もちろん、その後の他人の家を自由にして良い訳はない。もはや、日本の悪癖といっても良いが、この時も目的完遂を急ぐの余り、兵站《へいたん》を無視して後《のち》に窮するの愚を犯した。

譬えを一旦、史実に戻す。

昭和十二年（一九三七）十二月十二日夜半、国民党軍司令官・唐生智は蔣介石の命令を奉じて、守るべき南京を放棄し脱出する。いきなりの司令官の脱出によって、南京守備軍は潰滅、翌十三日に日本軍は南京を占領下に置いた。

くれぐれも、敵前逃亡のような司令官の脱出を嘲笑する為に書くのではない。

史上前例なきシナ兵の不法行為

この、南京守備軍こそが、せめて普通の軍隊の如くに闘ってくれるか、さもなくば遠くへと逃げてくれていさえすれば、後に繋がる悲劇、或いは日本軍の失策と云える行為もな

Hiroshi Kurogane
China

かったのである。

急なる司令官以下上層部の脱出だから、更に下の兵達は慌《あわ》て、混乱し統率を失い逃げ遅れた。彼等は武器と軍服を遺棄して〝安全区〟へと逃げ込み潜伏することになる。

〝安全区〟は、外国人が多く住み、各国領事館が立ち並ぶ、東西南北を囲んだ南京市街の一区域のことである。

凡《およ》そ世界戦史にも、数百、数千の兵隊が、武器と軍服を捨て、民間人に紛《まぎ》れ込むなど前例がない。

日本軍は驚いた。

驚くと同時に、捕まえたり投降したりした「捕虜」の数に困惑した。

先述のように、南京陥落を目途に上海から兵站を後回しに、攻めに攻めた為に食料に不足を来し始めたところへの数万人分の追加である。

逃げ遅れたにしても、その異様ともいえる数には理由《わけ》があった。

揚子江を渡河しさえすれば、かくも多くの兵が投降したり〝安全区〟に逃げ込んだりすることはない。

渡河できなかった。

何故か？

南京守備軍は、多数の——というよりも、人数分程のゴムボートは持っていた。

「破釜沈舟《はふちんしゆう》」と云うらしい。

出陣に際し、釜を打ち毀《こわ》し、舟を沈め、覚悟を決めるの意である。かの柴田勝家が出陣の際に水甕《みずがめ》を叩き割って、もはや後の無いことを兵に知らしめた故事に似る。いや、勝家こそシナの故事に倣ったのだろう。

「背水の陣」にも似るが、水を背にする為には渡らねばならぬ——とは冗談だが、司令官・唐生智の命によって、この「破釜沈舟」の策が実行され、脱出用のゴムボートは悉《ことごと》く焼却されていたというのである。

前面の水に対しての、舟を焼くという司令官の思い付きが悲劇の規模を何倍、いや何十倍にもしてしまった。

「背水の陣」の方を選んでくれていたら、今日の「南京大虐殺」などという忌《いま》わしい旗は立たなかった筈《はず》だ。

不運な二つの偶然が背中を押して「南京事件」なるものが出現した。

日本人が火を点けた「大虐殺」

事件から八十年後の、今日の状況を見る。

日本国内に於ける「南京事件」の今日の論争は三派に分かれる。
①　虐殺はあった
②　虐殺などなかった
③　ある部分はあり、ある部分はなかった
中間派と思われる③が常識的のようだが、それぞれの派の論は、背景に日本近現代史の歴史観を含むようである。

学者でもない一般の日本人にとっては歴史観に対する興味は薄く、〈日本人は、本当に、そんな虐殺をしたのか〉との素朴な疑問の一点に向いているように思う。

世界はもちろん、日本国内にも研究者はいたが、ある時を境に大問題へと発展する。

「事件」から三十四年後の中国での聞き取りを元にした朝日新聞の本多勝一氏の「中国の旅」なる連載が論争の発火点となった。

日本国内の論争は、中国や台湾にも飛び火した。

昭和六十年（一九八五）八月には、中国は南京市に「侵華日軍南京大屠殺遇難同胞紀念

Hiroshi Kurogane

館」を開設し、その入口には「３００００００」なる犠牲者を示す数字が刻まれた。

二年遅れて、台湾でも関連する資料集が相次いで出版されることとなる。

日本が火を点けるまでの中国と台湾に於ける事件の扱いはどのようなものであったのか。中国では、南京に於ける日本軍の残虐性については中等歴史教科書に記載があったが「大虐殺」の文言はなかった。飛び火は、教科書に新たに「南京大虐殺」なる独立した項目を設けるに至る。

研究や学問は、当然に自由であり、知的探究や歴史の検証はどこまでも許されるべきだが、ヒトは嘘をつくし、資料の信憑性の裏付け等、未だ評価定まらぬ事柄には慎重の上にも慎重を期すべきと思うが、靖國問題しかり、慰安婦問題しかりどういう訳か、毎度火元が同じというのは何か理由でもあるのだろうか。

占領政策の日本人洗脳も影響

日本が降伏した後、重慶に逃れていた蔣介石の国民政府が戻ってきて、南京市内での死者数を調べたという「南京地方法院検察処敵人罪行調査報告」なるものを作成する。

ここも、ややこしいところは譬えて擦り抜けたい。

侵入者が居なくなると、男達が帰ってきて内輪揉《も》めのような状況となるが、それは今少し先の話。

侵入した者に対して、被害者側が怨みつらみを数えあげて無念の感情を爆発させるのは洋の東西を問わず当然だろう。

結果、事実から逸れて、少々の脹《ふく》らみを持つは人情に照らせば許容範囲の内だと思う。

戦争の際に、女性が被《こうむ》る性的暴力は古代より続いており、いつの世のどの国にも、最低ランクのヒトの皮を被った獣は居る。

居るからといって肯定するものではないが、我国の戦史に同様の景色を探すと、やはり最低ランクの所業がないこともないが、他国に比べればごく少数で、上層部に至っては奇跡のように無縁であることが判る。

日清、日露の両戦はもちろん、先の大東亜戦争に於いても同様で、喧伝《けんでん》された日本兵の蛮行とされる多くが、連合国側のキャンペーンであり、いわゆるGHQによる「ウォー・ギルト・インフォメーション・プログラム（WGIP＝戦争に対する罪悪感を日本人の心に植えつける為の宣伝計画）」の一環であったことを知るべきだろう。

中国人は〈我々がやるのだから、日本人もやるだろう〉と考えるようであるが、例外の国のあることなど想像も出来ないし、今をもっても判らない。

「日本軍の蛮行」＝シナの嗜虐

ここに記すも胸が悪くなる内容だが、日本軍の蛮行として許の国が言い募る例を並べてみる。

一例は範とする為に丁寧に検証してみる。

他は紙幅を割《さ》くももったいないので荒っぽく並べるに留《とど》める。

場所は揚子江岸の下関《シャーカン》だと具体的である。

具体的だからといって真実であるとは限らないことは世の常で、偽証もまた微に入り細《さい》を穿《うが》つ性質を持つ。

被害者は老婆だという。

日本兵は安全区内で若い女を探したが見つからない。そこで引っ張り出したのが老婆であったという。

残虐行為満載の『資治通鑑《しじつがん》』や、性の研究ここに極まれりの感のある『紅楼夢』、〝酒池肉林〟の野蛮を楽しむかのような『史記』など、史実と創作とがごちゃ混ぜではあるが、残虐と変態にかけては発想豊かなお国柄だから、老婆に目をつけたあたりは、理由付けとしては充分と考えた。ところが、日本の歴史と風俗習慣に全くに無知であり、すぐ様に馬脚を露《あらわ》したことに、筆を舐め舐め物語作成に熱中する変態記述者は気付かない。

この報告にしてからが伝聞情報であるが、まだまだ珍なる記述は続く。

何処で、誰が聴いたか、老婆の生々しい発言まで載せてみせる。

「こんなに歳をとっているのに、どうして乱暴など出来るものかえ?」。日本兵、答えて曰く「お前に子供を産んで欲しいと思っている訳ではないぞ」。

ちょっ! ちょっ! ちょっと待て!!

艶笑小噺の類《たぐ》いではなく、南京に於ける日本軍の「大虐殺」を検証する軍事裁判で提出された資料なのだ。

証拠文献として採用された『陥都血涙録』の著者郭岐《かくき》もさすがにこれは拙いと思ってか、難民の間に流布したる笑い話だとお茶を濁してごまかそうとするが、まずもって老婆と件《くだん》の日本兵は何語をもって会話を交わしたるや。更には、この種の笑いのセンスは日本にはなく、シナかアメリカのものである。

時代を超えた変態のバトンタッチ

自らの嗜好を日本人に被せようとして、あっちこっちにボロを出す品の悪さと頭の悪さであるが、こんなものを証拠として採用した南京での裁判の質に同様の無知と悪が重なる。もしや、詐の国特有の禁断の性癖のようなものでもあるのか、同じ郭岐の記す次の内容など、断じて日本人の所業ではない。

母に乱暴した後、居合わせた息子に同様の行為を強要し、日本の兵士達がこれを見物して楽しんだというのであるが、どこの国の話か。

人倫にもとる行為を日本兵はしたのだと強調したいのであろうが、まず「人倫」を上に据えるまでは良しとしよう。次に、詐の国の住人は最も「人倫」にもとる行為とは何んじゃろかいと考えた。「おう!!　子が母を犯すとは、何んと人倫にもとることよ!」

シナでは「操你媽的《ツアオニイマータ》」と云うらしい。英語なら「mother fucker」となる。

書いていても穢《けが》れた気分がする程だが、〈僧侶の性器切断事件〉というものさえある。

通りかかった僧侶に、自分達が乱暴した女性を犯せと命じるが、応じないと見て「お前のモノは役にたたなくなったのだな」と、からかった末に性器を切断して殺したというのである。これも僧侶に語りかけた言葉が知りたいし、性器を切断するなんぞ、宦官《かんがん》など居ない日本には習いがない。

僧侶殺害の歴史なら無いことは無いが、それぞれに我国では例外的で、そこには事情がある。まして「役にたたぬ云々」、況《いわん》や「性器切断」においてをや。

これらの疑義に対する答えは、麻生川静男氏の著作『本当に残酷な中国史　大著「資治通鑑」を読み解く』によって氷解した。

例えば、〈赤ん坊を空中に放り投げて、落ちてくるところを槍で刺した〉なども、「大虐殺」の日本軍の蛮行として挙げられるが、出典は『北斉書』（巻二十八）で、後に『資治通鑑』に収められたことを識《し》った。

これらの残虐行為が余程に詐の国では気に入ったらしく、時代を超えてバトンタッチされ続けて、変態ぶりは今日に至っている訳である。

かくもメチャクチャな証拠が採用された軍事裁判が行われた南京へと話を戻す。

先に手を出した蔣介石

まずもって、「南京事件」直前の第二次上海事変のカラクリを識っておくべきだろう。

上海の蔣介石率いる国民党軍は、日本軍に十倍する兵力を持ち、戦闘機数も十倍、更に背景にはドイツ軍事顧問団が控えており、武器は潤沢にドイツから供給されるという絶対的有利の状況にあった。

先に手を出したのは蔣介石の方である。

上海にトーチカと巨大な塹壕を築き、防御態勢を完璧にした上で、日本の上海租界を攻撃した。

孤軍奮闘状態に陥った海軍陸戦隊を救援する為に、日本は堪《たま》らず上海派遣軍を送り出す。その譬えで〈他者の家に入り込んだ――〉と、品良くと云うか、無難にと云おうか、波風立てぬように構えてきたが、日本は〈その家〉に、入り込むように仕向けられたのだ。

十倍する兵力と戦闘機を前に、当初の日本軍は苦戦を強いられたが、云わば正当防衛の形で、これを返り討ちにしてみせた。

シナ事変は既に五カ月前に勃発していたが、戦争不拡大を主張する意見も軍内部に強く、日本は中国を占領するつもりなど毛頭なく、本音を申さば、反日を唱える蔣介石政権を倒して親日の新政権さえ出来れば一日も早く手を引きたかった。だが、共産党軍や他の勢力から抜きん出る為にも、アメリカやソ連に背中を押されている都合上からも、引かれては困る蔣介石が無理矢理に日本を戦争に引きずり込んだというところが真実で、ところが勝

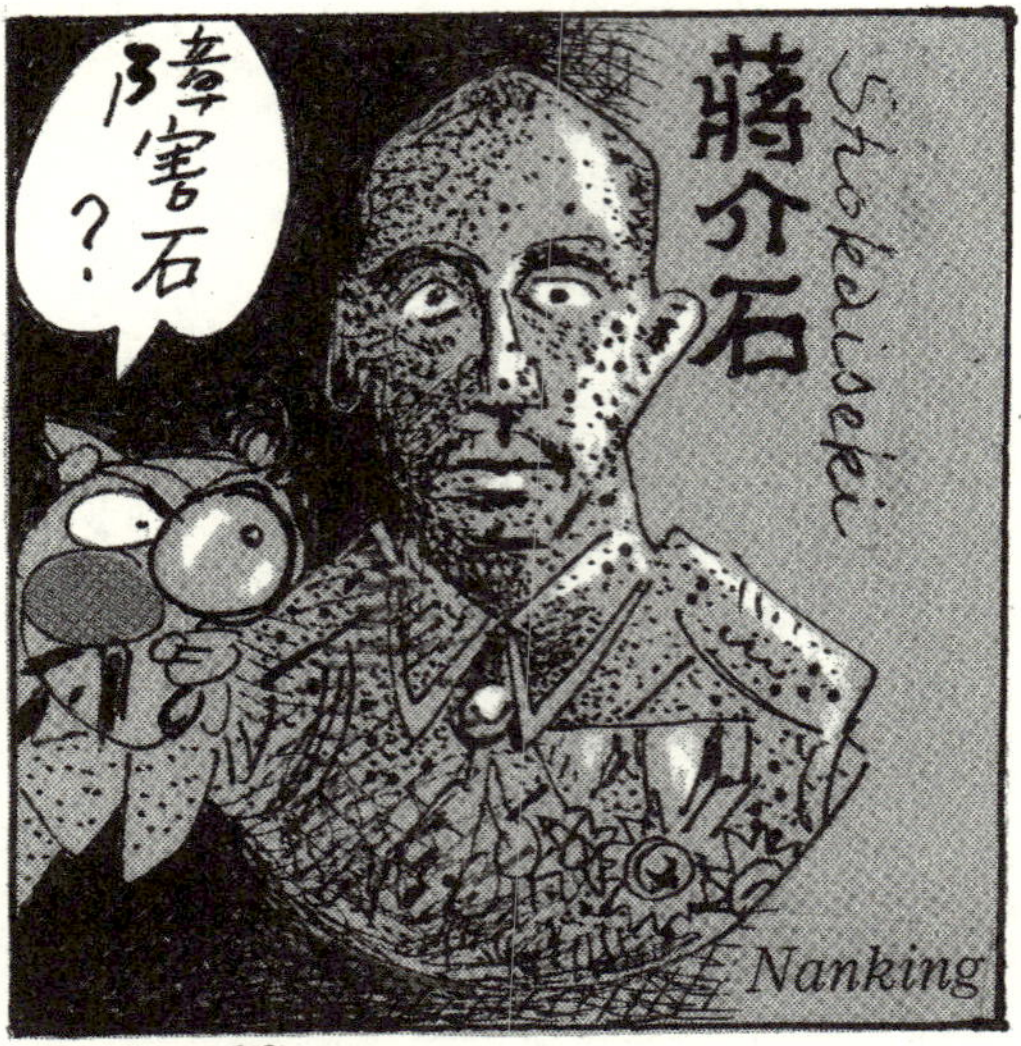

Hiroshi Kurogane

つ筈の上海で負け、南京への退却に繋がった。

日本軍は上海から南京へと攻め上る。

蔣介石は南京も捨てて漢口（武漢）へと逃げる。

南京陥落直後の昭和十二年（一九三七）十二月十七日、蔣介石は『我軍退出南京告国民書』を発表する。

内容は「抗日戦争開始以来の全軍の死傷者は三十万人に達した」というもので、敗戦を恥じるよりも、死傷者数を誇る（？）ことで国民に奮起を促すという、詐の国ならではの奇妙な方便である。

お気付きの読者諸兄もあろう。

ここに於いて、初めて、あの「三十万人」なる数字が顔を出すのである。

この際に、蔣介石がふと（計画的に？）記した「三十万人」なる数字が歩き始めて、「南京大虐殺、民間人死者数、実に三十万人」へと変貌を遂げるのである。

二度にわたる勝者のリンチ

裁判とは体裁ばかりで、ほとんど戦勝国側のリンチのような南京の軍事法廷も裁きのひとつと数えると、「南京事件」自体は二回の判決を受けている。

「日本が侵略国であった」という結論ありきの判決を導き出す為の東京裁判〈極東国際軍事裁判〉も、茶番という点では同一であるが、両者には数字的な違いがある。南京占領中に、日本軍によって殺害された中国人の数を「三十万人」と認定するのは南京裁判〈国民政府国防部審判戦犯軍事法廷〉だが、一方の東京裁判では、「十万人以上」とする。「以上」とあるからには、限りなく「三十万人」に近付くのだよ、とは今にしても詐の国の言いそうなことであるが、数を突き合わせてみて無理が生じた為である。

日本軍は南京占領の後、ほぼ治安を回復した頃に中国人の自治を許可し、昭和十三年〈一九三八〉一月初旬には市内の住民登録を実施、「安居の証」なる〈安全に居住する為の証明書〉を発行している。

日本側の主張ではなく、当時の安全区国際委員会委員長の、ドイツ人ラーベの証言が残っている。

日本の主張した登記数十六万人に対して、「その数には十歳以下の子供は含まれておらず、歳とった婦人も含まれていない。よって、当市の総人口はおそらく二十五万から三十万だと思う」と、証言しているのだ。

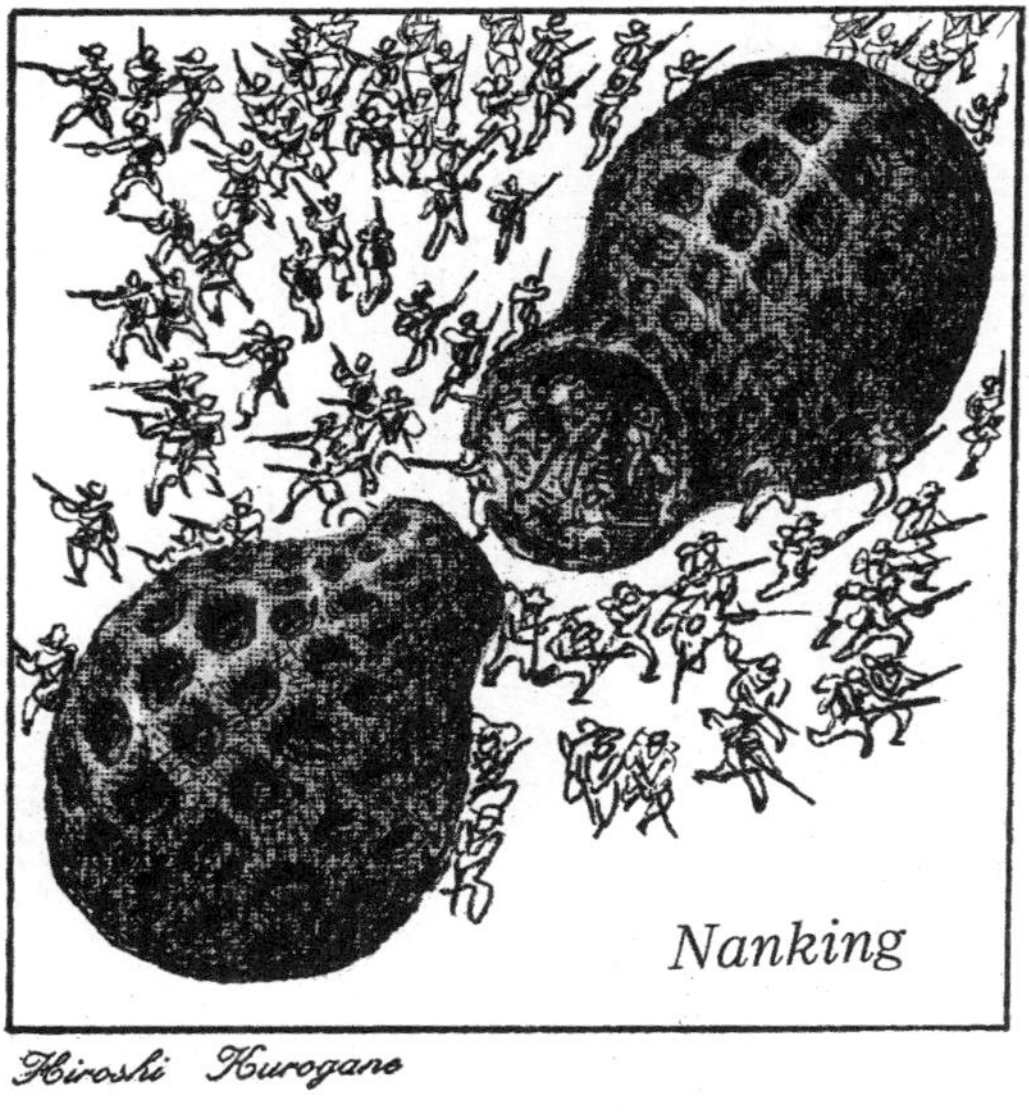
Nanking
Hiroshi Kurogane

当然に、これは欧米人を含む東京裁判の方だから、全体の性格はともかく、部分的には科学的であり論理的である。しかし、科学的で論理的であるべき筈《はず》の東京の方にも、如何《いかが》わしい点は多数残る。

以下に、ウェッブ裁判長とロヴィン弁護人のやり取りを書き写す。

「南京ニ於テ殺害サレタ数ハ、三十万ト、ナッテオリマスガ、私ノ承知シテ居ル範囲ニ於キマシテハ、南京ノ人口ハ、二十万デ、アリマス」(読点筆者、以下同)、とのロヴィン弁護人の主張に対して、裁判長は奇怪な答えをする。

「アナタハ、ソレニ関スル証拠ヲ提出シテモ宜《よろ》シウゴザイマスガ、今ハ、イケマセン」

何が、「今は、いけない」のか?

昭和二十一年(一九四六)の、死者数として「三十万人」を認めた南京判決に気を遣っているのである。

数の問題だけではなく、現時点での「南京事件」の研究と判断の嚆矢《こうし》としたいのは、北村稔著『「南京事件」の探究　その実像をもとめて』である。「南京事件」を語る時、日本人としてのポジショニングに就いての北村氏の困惑にも大いに同感する。

この事件は、日本人が中国側の主張する証拠を克明に点検し、如何に実証的に反論したところで、歴史感情とでもいう精神の飛び道具によって、押し返されてしまう理不尽さがある。

国民党子飼い欧米人の捏造

日中の二国間で埒《らち》があかないのなら、善意の第三者、つまり、当時南京に居留した欧米人の中立的立場からの証言のみを集めてみれば――と考えたが、これも北村氏の著書によって歴史というものは、つくづく、ほとほと、一筋縄ではいかぬものだと教えられた。

ティンパーリーなる名も、その書物も識ってはいたが、裏があったとは気付かなかった。

先述の、「抗日戦争開始以来の全軍の死傷者は三十万人に達した」という蔣介石の文章を、ティンパーリーは次のように改竄《かいざん》する。

「シナ中央部の戦闘だけで国民党軍の死傷者は少なくとも三十万人を数え、ほぼ同数の民間人の死傷者が発生した」

一気に三十万人も数を増やし、さらに民間人の冠を被せているのだ。この箇所からだけでも、ティンパーリーには蔣介石の息がかかっていたことが判る。彼が書く記事は国民党中央宣伝部よりの要請と資金援助によって、宣伝戦略に加担したものであったのだ。

「南京事件」を逸早く告発した善意の第三者という公正な立場を装いながら、情報操作をする彼の行為は、日本側から見れば、国民党のスパイと云うしかない。

今ひとつ、南京での死者を数えるにあたって中心を成す「スマイス報告」なる資料がある。

著者は南京にあった金陵大学の社会学教授のルイス・スマイスで、その調査によって「日本兵の暴行による死者二千四百人、当時の南京市の人口二十二万千百五十人」という数字を割り出している。ところが、彼の報告もまた、先のティンパーリーの依頼を受けてのものであった。

今となっては学者としてのスマイスの矜持と、国民党中央宣伝部よりの依頼という二つのバランスを彼が如何にとったかは永遠に不明だが、過大に報告することはあっても過小ということはなかろう。

南京での裁判は、「スマイス報告」を参考にしながら、一方で、「三十万人大虐殺説」を支持するという矛盾を犯す。

「死者二千四百人」「南京人口二十二万千百五十人」なるスマイスの報告は、国民党寄りのものだと邪推したとしても、詐の国の主張する「死者三十万人」の数字とは小学生の算数レベルでも齟齬《そご》が生じる。

今や焦点は「シナ兵処刑」の議論

今に遺《のこ》る客観的事実を積み重ねれば、詐の国が自説に都合良く継《つ》ぎ接《は》ぎした、「虐殺三十万人」なる嘘など自ずと霧散するのは自明だが、「捕虜」の処遇についての問題は残る。

今や、この「集団処刑」の方が、「南京事件」論争の中核部となるようである。

南京城外（市外）北郊の幕府山やその周辺、市内の安全区で投降してきたり捕獲したりした「計約二万人のシナ兵の処刑」である。

前半で、口籠るように書いた日本の宿痾《しゅくあ》とでも云うような、占領後の食料の確保、捕虜収容の準備といった兵站無視の予測力欠如がこの問題を招いた。

市内で軍服を脱ぎ捨て民間人に紛れて潜伏していた兵士を掃討し、それでも抵抗する者を処刑した件と、郊外で軍服を着たまま投降した捕虜を「一旦は収容しながらも維持に困難を来し、数日後には処刑した」とされる件など。

脱ぎ捨てられた軍服と、遺棄された武器の量を前に、日本軍は驚愕《きょうがく》したことであろう。

この数が、民間人に成り済まして懐ろに小火器などを隠した便衣《べんい》（民服）兵となったら、市街地に於けるゲリラ戦が待ち受けている。事実、便衣兵の手榴弾などで日本兵が何度も襲撃されている。

懸命に日本軍はこれを捕まえた。

現在進行形の当時の現場と、過去完了形の絶対安全の立場からの論証を同一にするべきではないだろう。

拘束した敵兵の処刑情報に就いては、どの時代の何れの戦争でも勃発する問題である。小規模にしてあちこちでとなると、戦争という巨大な影に吸収されもしようが、二万人程の数ともなると話は違ってくる。

先述の通り、過去と現在に検証するには、慎重に加えて膨大な量の、信の置ける情報が必要である。

これも読みあれも読み、情報は充分と考えて、〈日本軍の判断ミス〉という結論に辿《たど》り着いた……わずかな手順、すなわち「裁判」を省いたが為の、今日の問題と考えた……が、更に資料を追加すると、この結論は早計であった。

簡易であろうとも、更に云えば真似事であろうと、裁判の手続き形態を残しておくべきだった……と考えたが、過剰な反応であった。

外国人に理解できない武士道精神

敗戦となって、日本人の多くは、かの古田織部《おりべ》の如くの心境だったのではないか。謀叛の嫌疑をかけられた織部は、「かくなる上は、申し開きするも見苦し」と、従容と死についたという。如何にも日本人的というか、武士道に磨きに磨きをかけた末に辿り着いた、外国人にはちょいと理解できないであろう心境である。

南京城攻略を指揮した松井石根大将が、国際法の権威・斎藤良衛博士を帯同していたことは余り知られていないと思う。

松井大将は戦時国際法を充分に意識し、南京攻略戦に於ける軍紀を、兵に対して厳しく周知徹底している。

次の兵士の証言はこれを裏付ける。

「市民三十万人の虐殺なんて、私はしていないし、見たこともありません」

「戦場の修羅場という雰囲気ではなかったですね。私は中国人の警官と一緒にパトロールしましたが、屍体がごろごろと転がっているなんて光景は、一度も目にしていません」

もう一例の証言を引く。

焼
嘘
賄
Nan king
逃
Hiroshi Kurogane

「私のいた部隊では軍紀も非常に厳しかったです。ごく一部の兵の暴走は戦場の常としてあったでしょう。しかし、それが日本軍だけ異常に多かったなんて話は信じられません」

常としての軍紀の乱れは日本軍にもあったが、その報告は松井大将のもとにあがっている。

松井大将の陣中日記。

「南京、杭州附近又奪掠《だつりやく》、強姦ノ声ヲ聞ク幕僚ヲ特派シテ厳ニ取締ヲ要求スルト共ニ責任者ノ処罰ナ《な》ト《ど》直《すぐ》ニ悪空気一掃ヲ要スルモノト認メ厳重各軍ニ要求セシム」

かくも逐一に、しかも軍のトップにまで報告が届いている事実は、日本軍の軍律が如何に厳しかったかの証左となる。

しかも報告の全てが日本兵の犯行とは限らない。

昭和十三年（一九三八）一月四日付の「ニューヨーク・タイムズ」の以下の記事。

「この元将校達（元軍将校、便衣兵達）は、南京で掠奪したことと、ある晩などは避難民キャンプから少女達を暗闇に引きずり込んで、その翌日には日本兵が襲ったふうにしたことを、アメリカ人や他の外国人達のいる前で自白した」

報告された中には多くの濡れ衣も紛れ込んだ。

濡れ衣の更なるは、シナ兵の死者の数の多さには、同士討ちが含まれている。シナの軍隊には伝統的に「督戦隊《とくせんたい》」なる組織がある。勝手に退却する兵に対して殺害権を持つ特別部隊であり、これが死者数を増やした。

幕府山捕虜の処遇に就いては、特に巨大な濡れ衣をかけられた。捕虜収容の兵舎で火災が起こるが、原因は捕虜による放火であった。この混乱に乗じて捕虜の半数が脱走したが、放火の首謀者達は処刑された。それでも収容所にはまだ二千人ほどの捕虜が残った。

歩兵第百三旅団長・山田栴二少将は、歩兵第六十五連隊連隊長・両角業作大佐と共に一計を案じる。

夜陰に乗じて捕虜達を揚子江対岸に逃がしてしまおうというのである。

「揚子江を渡らせれば、わざわざ戻ってゲリラになることもあるまい」との考えであった。

捕虜達を揚子江岸へと移動させる。

これを準備した軽船艇に、二、三百人ずつ乗せて順次渡河させようとした。

闇夜である。

揚子江対岸の国民党軍から見れば日本軍の渡河作戦に見えた。

捕虜達の乗る軽船艇に向けて国民党軍の一斉射撃。

これを見た次の船に乗る捕虜達が「日本軍による船上での銃殺」と錯誤。

収拾のつかない大混乱の中、やむなく日本軍の発砲もありはしたが、闇夜のこととて弾はほとんど当たらず犠牲者数はさほどにはならなかった。

証人死滅待ち「魚を鯨に」

間違って肥大した情報が揚子江を渡る。

対岸に逃れた捕虜達の証言によって、「揚子江沿岸部に於ける捕虜の皆殺し」情報として中国側に伝わった。

戦争なるもの、全体に於いても、局所に於いても、予測のつかぬことだらけで、多くはデマとして拡散していく。

更には、何んの所為《せい》か、〈慰安婦〉に対する吉田清治の証言の如くに、虚言で背中を押す者さえ出現する。

最後に、今猶解釈を巡って身分の定まらぬ〈便衣兵〉は、れっきとした戦時国際法違反であるから、捕まったとしても戦争捕虜の規定からは当然に外れる。

故に、これを如何に扱おうとも、断じて「捕虜の処刑」には当たらない。

平時に於いても〈デマ〉は罷《まか》り通るが、ことに戦時となると当事者まで尾鰭《おひれ》をつけたがるから、常に引き算が必要となる。

尾鰭の類いなら目を凝らせば大概は消去が可能だが、当事者や目撃者が激減するであろう八十年後あたりを目途に確信犯として、魚を鯨とする策謀があった場合はどうなるか。

以下は、研究者でも、歴史家でもない単なる漫画家だから許されるであろう推測だが、蔣介石の捨て身の時空を超えた時限爆弾が、八十年の後に炸裂したのではないか。

南京守備軍に対する直前になっての不可思議な退却命令は、決断をそこまで迷いに迷ったのだとのエクスキューズが成立する。

兵が逃亡する為に渡河するボートの焼却も、「破釜沈舟」などという凡そ時代錯誤の作戦も、古典（？）を踏襲したのだと説得できる。

軍服から民服に着替えた数万の兵士が南京市に紛れ込めばどうなるか。

「兵は詭道なり」

「三十万人」なる数字も蔣介石は記録として現場に残す。ティンパーリー達欧米人を使っての工作もおささおさ怠りない。

自分の兵を袋小路に追い込むという孫子にも思い付かなかった奇策中の奇策。

兵站に窮する日本軍のその後の行動を蔣介石は脳内で尻取りしてみる。

「その死は無にしない。きっと八十年か百年後に、歴史に真紅のおぞましい華となって咲くに違いない、さらば、我が兵よ、我が友よ、再見《ツアイチエン》！」と云ったか云わないかは、あくまで我が空想の産物だが、自国民を数千万も殺して平気の毛沢東や、天安門事件は外国の陰謀（和平演変）であると言い募る「詐」の国の人である蔣介石なら――と思わせる。

習近平の云う「中国の夢」とやらも、「五里霧中」ならぬ「誤理夢誅」の中にある。

「詐」は「誠」に対し「当初」或いは「当面」は勝つと、本章の冒頭部あたりに書いたが、以下は、その唯一の逆転法であると考える。

古来、我国では個人としても国家としても自らの善行を誇るは品無きこととして、口を閉じてきた。

そこで、内々の話、ここだけの話にして戴きたいが、我が国民が他国民になした善行の圧倒的な多さはどうであろう。

〈ヒト助け〉の衝動は、何の何処に因《もと》があるのであろうか。

愚生睨《にら》むに、歴史にあるらし。

善行を語らぬ個の集団の国も同様に対応してきたが、経験を重ねて、民族、すなわち自らの歴史として、客観的な学問の領域にまで高め、「誠」にこそその真髄有りと結論を導いたが為であろう。

そこから掬《すく》い上げたエッセンスは、〈礼儀正しさ〉〈清潔さ〉〈無宗教〉の、日常的所作として分散し、精神面では〈もののあはれ〉を知り、〈曖昧《あいまい》さ〉に行き着いた。

その境地は、言語を獲得したヒトなる動物の立ち位置としての限界であった。

時代性によるアナクロの部分は火葬にして、残った骨の成分の専《もっぱ》らは、象徴としての〈武士道〉である。

歴史的事実をねじ曲げて、というよりもハナから虚言で紡いだ出鱈目《でたらめ》を押しつけてくる「詐」の国に対して、未だ、話せば判るだろうと構える詭道の国の正体知らずのお人好しが存在するのも「誠」の一部と誇るべきや。

日本人が下品な歴史を持たぬ性質による。

確かに、あちらこちらに、失策と下品とを遺しはするが、これもここだけの話として、他国の数々の蛮行に比すれば、無きに等しい。

歴史から得た素質に乗って、後輩たる我々は、更に善行を積み、先述の〈礼儀正しさ〉を代表とする特質をもって他国に接すれば、「詐」をもって詭道に邁進《まいしん》する国のあげつらう事柄や数字など、世界の評判の前には沈黙せざるを得ないだろう。

石田三成の掲げた、「大一大万大吉（天下のもと、一人が万人の為、万人が一人の為に命をそそげば、人々の世は吉となり、太平の世が訪れる）」の六文字の如く、日本人のひとりひとりが、やよ励むことが、唯一にして最善の防禦《ぼうぎょ》と考えるが、読者諸兄の意見や如何に。


——了——

第五章　鉤十字と日本赤十字と

――ポーランド孤児救援などに見る日本の美徳

「恥」に拘る日本人

何事やらん、善行を施した武士が立ち去ろうとするを押し止《とど》めた婦人が「せめて、お名前を――」と縋《すが》るに、「名乗る程の者ではござらぬ」といなして「タビのコロモはスズカケのォ〜」などと謡《うた》いながら闇に溶けていく。

時代劇映画に於いては頻繁に出喰わすシチュエーションで、鼻垂れ小僧の分際にも「カッコイイ！」と感じ入るシーンであった。

身に付いたかはさて措《お》き、アレは日本人的美徳の、教育の一環であったやも知れぬ。美徳とは、ある価値観に支えられた、西欧なら〝ダンディズム〟、日本なら〝武士《もののふ》の心〟という辺りに落ち着くのであろうが、これに無反応、無関心などころか、先の婦人と武士の係わりに重ねれば、「名乗らなきゃ意味がなく、お礼だって貰《もら》えないじゃないか――！」というお国柄もある。

「名乗る程の――」の幼児教育が功を奏したものか、先輩達の他国民になした善行を、日本人の多くが知らない。

更には、学校教育でも触れないし、家庭に於いても話題に上ることはなかった。

名乗るほどの者ではござらぬ
Hiroshi Kurogane

全ての因《もと》を「名乗る程の――」の科白《せりふ》に吸収させては安易に過ぎよう。

かくも善行に対し沈黙するは、日本人の美徳と云えばそれ迄《まで》だが、自己宣伝はともかく、ある程度の自己検証なくば、ことあらば嘘のレッテルを貼ろうと手ぐすね引いている国まである昨今である。

原因のひとつは、日本人の「恥」に関しての拘《こだわ》り方にあるのではないか。

一口に恥と云っても、そのカタチは一様ではない。

恥への助走は、スタート以前に既に用意されていて、行動しなかったことに対する恥、したことに対する恥、結果に対する恥――と、ここまでは真っ当な歴史を有する国なら文化として定着していよう。

「真っ当な歴史」とは、その善し悪しや好悪の判断はさて措き、人類の発展の通過儀礼の如くに、封建制度の経験の有る無しに掛かるようである。

更に恥は細分化されて国柄の一翼を担う。

行動の結果、人救けとなって成功した場合にも、日本ではその後の対処にも恥は付き纏《まと》う。

「名乗る程の――」の禁を解《と》いて、抜け抜けと書きつければ、善行の点に於いて、他国に比べ、我国の圧倒的な数の多さは何の所為《せい》に因《もと》を求めればよいか。

いざ、具体例に転じて検証せん。

トルコが邦人を救出してくれたワケ

昭和六十年（一九八五）三月十七日、サダム・フセインが「首都テヘランを含むイラン上空を飛行する全ての国の航空機は三月十九日二十時半を期して無差別に撃墜する」と緊急宣言を発表する。

同時に、空港はイランからの脱出民で溢《あふ》れた。

当時のイラン在住の邦人数は二百十五名。

各国の航空機が優先的に自国民を搭乗させるのは、広い人道上はともかく、狭い人情としては理解できる。

ところが、イランへの日本の航空会社の乗り入れはない。

当時、自衛隊による海外への航空機派遣は違法。

この非常事態に、二機の臨時便を日本人救出の為に用立ててくれた国はトルコであった。

このニュースを知った多くの日本人は、トルコ側の真意が理解できなかった。怖らく功

Hiroshi Kurogane

利的な考えが大勢を占めたのではなかったか。

——日本政府がトルコに大金を払ったのだろう——。

日本人の多くは、凡《およ》そ百年前のエルトゥールル号の一件を知らなかったが、トルコ側は覚えていてくれた。

その一件とは、明治二十三年（一八九〇）九月十三日、トルコ軍艦エルトゥールル号が嵐の為に和歌山県串本村紀伊大島沖で座礁沈没。

大島の島民達は危険な地形をものともせず、身を挺してトルコ兵六十九名を救出、貧しい暮らし向きにもかかわらず食料を提供すると共に介抱にこれ努めた。

更に明治政府は軍艦二隻を提供し、生存者達をトルコまで送り届けた。

医療費の支払いを申し出たトルコに対し、大島の医者達は遺族への見舞いに回すようにとこれを断った。

為した善行を誇らぬのも上質の人の道なら、為された恩を忘れぬのもまた上質の人の道である。

トルコ機による日本人救出劇で、日本人は久しく忘れていた二つの道を知った。

エルトゥールル号の一件は、百年を経過して広く日本人の知るところとなった。

今ひとつ、エルトゥールル号の陰に隠れてしまったが、トルコの人々が日本に感じていた恩義があった。

日露戦争で日本が勝利したことで、トルコ侵略を含むロシア南下政策が止まったことである。

対露戦の日本の勝利は、後《のち》に述べるロシア支配下にあったポーランドにも、勇気を含む多大なる影響を及ぼしていた。

もし、日露戦争の日本の勝利なかりせば、トルコに対するロシアの侵略は実行され、その蹂躙《じゅうりん》の足跡の無惨は如何《いか》ばかりであったことか。

トルコもまた、ポーランド同様にその国を失った可能性は高い。

日本人の多くが知らぬ先人の善行

味方見苦し――にならぬように、贔屓《ひいき》の引き倒し――とそしられぬように、慎重の上にも慎重に構えてみても、日本人の他国民への善行の多さの理由が知りたい。
同時に、以下に並べる事柄の多くも、つい最近までは日本人の多くは知らなかったという不思議。

「美しいか、美しくないか」

ダンディズムの定義には詳しくないが、この判断こそ「武士《もののふ》の心」が完成までの過程で揉《も》みに揉まれ、血で血を洗い、その血文字をもって記したヒトの生き方の奥義であったのだ。

尊敬の念を抱きつつ、杉原千畝《ちうね》の功績に想いを馳せる時、前段のあったことに思い至る。杉原が、かの「命のビザ」を発給した頃を遡《さかのぼ》ること二年余、日本政府は「迫害ユダヤ人を排斥せず、平等に扱う」ことを国是としていたのだ。

この原型となる理念が世界の舞台で示されるのが、第一次世界大戦後の大正八年（一九一九）、パリ講和会議の国際連盟委員会に於いてであった。

「人種差別撤廃提案」である。

国際会議に於いて「人種差別問題」を俎上《そじょう》にのぼせたのは世界史上日本が初の国である。

提案の顚末《てんまつ》は、議長を務めた当時のアメリカ大統領ウィルソンによって、「全会一致ではない為、提案は不成立」なる苦し紛《まぎ》れの言い逃れにより不採択になったことはご承知の通り。

イギリスのアーサー・バルフォア外相の如きは「ある特定の国に於いて、人々の平等というものはあり得るが、中央アフリカの人間がヨーロッパの人間と平等だとは思わない」と言い放っている。

余談になるが、このバルフォア、第一次世界大戦中にユダヤ人の経済的支援を取り付ける為に、当時イギリスの統治下にあったパレスチナに、ユダヤ人の「民族的郷土《ナショナルホーム》」建設を支持する〝バルフォア宣言〟を発した人物である。

比較するに、古来日本の国柄は人類皆平等であり、有言だけでなく実行もされた。

昭和十二年（一九三七）、関東軍によるユダヤ人擁護に対するドイツの抗議を突っぱねたのは、当時中将で関東軍参謀長の東條英機であった。

翌昭和十三年（一九三八）、ソ満国境に於いて大量のユダヤ難民を関東軍と満鉄が救援した際にもドイツの抗議があったが、東條は毅然としてこれも撥《は》ねつけ、日本政府は「猶太人《ユダヤ》対策要綱」として明文化し、「我国は他国民を差別せず」を国家的性格とした。

これを背骨《バックボーン》として、杉原の「命のビザ」は成ったのだ。

英国のバルフォア外相の主張など、今となっては信じられないが、当時のアングロサクソン、総じての白人の意見の大勢を占めていたと思われる。

杉原千畝とシンドラーは〝別物〟

時代と都合によって変化する正義、不正義の定義など頼り無いものであるが、普遍的な行動を測る物差しはある。

美しいか、美しくないか。

物差しは、「平時」と「非常時」の二種の目盛りについても迫る。「国を想う」道にも美しさはあろうが、「人を想う」に比べれば、その面積は当然に狭くなる。

美しい人々の棲《す》む、美しい国の、美しい国益――という文字の並びは、一見すると結構なようではあるが、「人々」の持つ様々な感懐を一纏めに括らざるを得ない乱暴さが潜んでいる。

杉原は〈武士の心〉を頼りとして決断した。

外務省やソ連からの退去命令を無視しながら、杉原はビザ発給を続行する。

杉原の勇気によって命を救われた六千人は三世代を経て、三万二千人を数えた。

人道主義が国益に重なるのは、美しい行いに牽引された時に限る。

カウナス駅でベルリン行きの列車に乗り込んでからも窓から身を乗り出して発車間際ま

SER.I №494608
ECZPOSPOLITA POLSK
EPUBLIQUE · POLONAISE
PASZPORT-DASSEPORT
HAFFTKA
CONSULAT DU JAPON
KAUNAS LITHUANIE
Hiroshi Kurogane

で杉原は許可証を書き続ける。

やがて列車が動き始めた時、ホームに残ったユダヤの人々に頭を垂れて次のように言う。

「許してください、皆さんのご無事を祈っています」

武人が祈るとは泣くことであり、許せとは死ぬことである。

涙の理由を識《し》るからこそ、日本人による善行の数は後が絶えず、度重なる災害を前にしても強いのだ。

ヨーロッパ人も奇天烈《きてれつ》で、杉原をして〈東洋のシンドラー〉とは、何を云うか。

日本人の美徳として、他者の勘違いをことさらに言い募りたくはないが、杉原は救けたユダヤ人を後に訪問し、何がしかの援助を受けたことなど断じてない。

如何なるセンスで〈東洋の――〉或いは〈日本の――〉なんぞとスケールを小さくし優位性を保とうとするか。

白人名物、有色人種差別の遺伝子が衣の下から覗くヨロイのように転び出もしたか。

いや、つい感情的になり、日本人として恥ずかしや、平に謝す、許されよ。

三十八度線のマリア

平伏した眼を、そのまま朝鮮半島に転じよう。

昭和二十五年（一九五〇）六月、朝鮮戦争勃発。

ソウルに攻め入った北朝鮮軍兵士が乳飲み児を抱いた韓国人女性を射殺。投げ出されて泣き続ける以外に術なき赤児を、救い上げる女性の両の手があった。

手の主は、日本人女性望月カズ、二十三歳。

東京杉並は高円寺の生まれ。父の他界後、母に従い四歳で満洲に渡る。満洲での母の商いは軌道に乗るが、二年後の母の病死を境にカズの境遇は急変する。

使用人が満洲の農家にカズを「農奴」として売り飛ばしたのだ。

売られた先の家で、カズは日本語を使うことを禁じられたというから、無論その農民は日本人ではない。

売った使用人もまた日本人ではなかろう。

ようやく関東軍に救い出されたカズは、身柄を預かった軍隊内に於いて読み書きその他を教育されたのち独立。

終戦後、一旦は日本に戻るが、そこには親戚も知人の一人も居らず、まるでカズの心地は浦島太郎。

恋しさ募り、他に当て無しのカズは母の墓地を目指すも、既に満洲は政情不安で踏み入るに能《あた》わず、朝鮮半島はソウル、かつての京城《けいじょう》に足留め。

そこで先の話へと繋がる。

赤児を抱いて、カズはソウルを逃れて釜山《プサン》に向かうが、途中、瀕死の幼い姉弟二人も救っている。

見ゆるカタチは母子四人連れだが、血の繋がりどころか、縁もゆかりもない。

釜山に辿《たど》り着いたカズはバラックを建て、埠頭で荷下ろしなど手伝い、その日銭で三人を養う。

自分を売り飛ばし、こき使った他民族を恨みもせず、カズが育てた韓国人孤児は百三十三人を数えた。

やがてカズの存在は韓国人社会にも知られるところとなり、孤児達を育て始めた朝鮮動乱にちなみ、「三十八度線のマリア」と呼ばれるようになる。

昭和四十年（一九六五）六月、「日韓基本条約」が締結され、両国の国交回復。

六年後、韓国政府は長年の功績を称え、カズを「国民勲章・冬柏章《トンペクチャン》」に叙した。

Hiroshi Kurogane

韓国側の贈呈者は、当時の大統領、朴正熙《パクチョンヒ》。娘の槿恵《クネ》さんも、未《いま》だ疑問符の付く話に拘《こだわ》り続けるより、父君と三十八度線のマリアを偲ぶ方が余程に精神衛生には良いと思うが。

戦場で敵兵を救助した帝国海軍

屈託は半島に残し、次なる〈雷〉と〈電〉を中心とする奇跡の検証の為に昭和十七年（一九四二）二月二十七日から三月一日のスマトラ島とジャワ島の間、スンダ海峡へと飛ぶ。

発端を、マレー沖海戦における日本軍航空部隊の雷撃によって、英戦艦「プリンス・オブ・ウェールズ」の水兵達が次々に海中に飛び込んだところに据えよう。海原に浮かぶ英水兵を日本機は狙い撃ちすることなく、その上空を旋回。英駆逐艦が海上の生存者を救出し、シンガポールへと退却するを確認しただけで、一発の機銃も撃たず見送っている。

この時、海上に漂っていた英海軍大尉、グレム・アレンは上空の日本機を見上げながら確信する。

「日本軍は、一旦戦さ終われば敵味方勝者敗者の別なく、互いの健闘を称えるのみで、過剰な追撃は加えない――」

場面を、マレー沖からスラバヤ沖へと転じる。

先に〈雷〉と〈電〉の奇跡と書き始めたが、もちろんあの力士ではなく、第三艦隊所属の駆逐艦「雷《いかづち》」と「電《いなづま》」のことである。

両艦製造の為の鉄は、善行の多さの秘密を解く鍵を溶かして用いたのではないかと思う程である。

さて、「電」の酸素魚雷によって傾斜した英重巡「エクセター」に向かい、艦長竹内一は総員を甲板に整列させ、「沈みゆく敵艦に対し敬礼」と令しながら、今まさに海上に展開する奇妙な光景を見た。

飛び込んだ英水兵達が「電」めがけて泳ぎ来《きた》るではないか。

先に「プリンス・オブ・ウェールズ」に乗っていたグレム・アレンは、今は士官として「エクセター」に配属されていたのだ。

アレンは退艦するに際して水兵達に告げていた。

「飛び込んだ後は、日本艦艇に向かって泳げ。必ずや救助してくれる」

日本海軍の敵兵救出はこの二例に止まらない。

Hiroshi Kurogane
電
雷

昭和十七年（一九四二）の日本海軍の快進撃は驚異的だが、以下に続けるも世界戦史の奇跡の一頁であって、連戦連勝から生じた余裕などというものではけっしてなく、特質を超えた日本人の体質であった。

海戦史上にも異例と思える程の長期にわたったスラバヤ沖海戦では同様の景色が随所に見られたのだ。

漂流する敵兵に対し、「全員救助」と下令したのは重巡洋艦「羽黒」の森友一大佐で、敵旗艦「デ・ロイテル」の生存者二十名救出に始まる。

〈雷電〉の「雷」の方も、日本人乗組員は黙して一人として語る者は無かったが、元海軍中尉、サミュエル・フォール卿なる英国人が自伝を著したことから世に知られることとなった。

自伝をものした敵国のフォール卿をして「ありえないことだ」と言わしめたこととは。

フォール中尉が乗る英駆逐艦「エンカウンター」はスンダ海峡に於いて「雷」によって撃沈された。

真夜中の海へと投げ出された「エンカウンター」の乗組員達の運命は絶望的である。

フォール卿の記した「ありえないこと」が起きる。

撃沈した「雷」工藤俊作艦長は救難中を示す国際信号旗をマストに掲げさせたのち、海上の「敵兵救出」を命じる。

救助された英兵、実に四百二十二名。

工藤艦長以下「雷」乗組員は命を救《たす》けたばかりか、重油まみれの英兵の身体を貴重な真水で洗い流し、アルコール消毒した上で、南国の強い日差しを遮《さえぎ》る為の天幕まで張り、衣服、靴も支給し、牛乳、ビスケット、ビールなども供した。

英兵にとっては全てが意外で、感動に頬を涙で濡らしながらも真意を測りかねた。

奇跡と呼ぶには余りに多く、今やスラバヤ沖海戦の至るところでそれは起きた。

駆逐艦「江風《かわかぜ》」は蘭軽巡洋艦「ジャワ」の生存者三十七名救助。駆逐艦「山風」が「エクセター」の生存者の一部の六十七名救助。「雷」が英大尉グレム・アレンを含む「エクセター」の残りの生存者三百七十六名救助。「神宿る」といわれた、あの「幸運艦」、駆逐艦「雪風」も蘭軽巡「デ・ロイテル」の約二十名救助。

バタビア沖でも米重巡「ヒューストン」乗組員三百六十八名救助。豪軽巡「パース」の三百二十九名救助。

一部とはいえ、戦争を美しいとは無神経な物云いと承知はするものの、言語に頼る以上、この景色に想いを馳せれば、他の表現は思い浮かばない。

美しさには、戦さでの劣敗や、救けた救けられたのプライドも関係がない。

シベリアのポーランド孤児救援

善行にも優劣などあろう筈《はず》もないが、日本人が他国民になした中から、まとめとしてシベリアのポーランド孤児七百六十五人救出の事例を選ぶ。

選ぶことが出来る程に数多きことに、我々は日本という国と文化に感謝と誇りを持つべきだろう。

事例に踏み込む前に、先のエルトゥールル号のトルコ同様、多くの日本人のポーランドに関する知識は心許《こころもと》無いのではないか。

出身者として、コペルニクス、ショパン、キュリー夫人などが思い浮かぶなら上等だろう。

人名以外に、長く消滅していた国、カティンの森の悲劇などが加わると、にわかに不吉な気配が立ち籠めて、シベリアのポーランド孤児を包み込む。

不吉な気配に眼を凝らせば、先のピアノの詩人と呼ばれたショパン（一八一〇—四九）

も、亡命後定住したパリで亡命ポーランド人を中心とした貴族社交界の寵児であったことを思い出すし、キュリー夫人（一八六七―一九三四）が生まれたのも帝政ロシアに併合されて既に国は国家の体を成していない時代であった。

地の利に恵まれたとはよくいうが、ポーランドを中心にまわりの国に眼をやると、地の損というか、全くに心安らかになる余地のない位置にあることが判る。

三方からポーランドを囲むのは、ロシア、ドイツ（プロイセン）、オーストリアの三強国。

元より白人の身勝手な思い込みに過ぎないが、弱肉強食の論理が領土にも及んで、拡大と縮小の繰り返しが常なる時代。

囲む三国の勢力争いにまき込まれたポーランドは、一七七二年、一七九三年、一七九五年と分割が続き、遂には国家自体が消滅するに至るのである。

その後、「ウィーン条約」によって独立は果たすものの、君主はロシア皇帝が兼任するという上辺《うわべ》だけのもので、実情はロシア語教育やロシア正教会への帰順と、強制的なロシア化を迫られ、十一月蜂起（一八三〇―三一）や一月蜂起（一八六三―六四）など、何度も起《た》ち上がった自由の為の抵抗は全て鎮圧される。

蜂起は更なる不幸をポーランドに強いることとなる。

侵略・弾圧を続けるロシアの犠牲に

ロシアは叛乱《はんらん》に加担した政治犯や危険分子をポーランドから一掃し円滑な統治を図るが、目的の地に選ばれたのが極寒の地、シベリア。

寒過ぎるのか、ウオッカの飲み過ぎか、権力を持ったロシア人の考えることはいつも同じで、危険の排除と土地財産の没収、そして未開の地での強制労働による開発の一石三鳥を目論むことになっている。

第一次世界大戦までにシベリアに流刑にされたポーランド人は五万人余りに上った。

更にその第一次世界大戦で、祖国ポーランドはドイツ軍とロシア軍が戦う戦場となり、追い立てられた流民がシベリアへと流入。

結果、シベリアのポーランド人は十五万人から二十万人に達した。

そんな折、ロシアの権力者が代わる。

大正六年（一九一七）に勃発したロシア革命である。

権力を掌握したウラジーミル・レーニンは国家体制を帝政から社会主義共和国連邦へと

極端な転換を図るが、その際、西欧諸国からのロシア皇帝の借金は新政府とは関係ないから返済せずと宣告。

熊の毛皮の帽子を被っても寒さに脳が凍っているのか、突如としてロシア人はイワンのバカになる。

英、仏、米からの莫大な借金を踏み倒すと、吐く息とともに高らかに吠えたのだ。

巨額な貸付金の返済拒否は自国の経済破綻に跳《は》ね返る。

更に二年後にはコミンテルンを結成し、共産主義革命の思想を世界に伝染させ始める。

借金は踏み倒すワ、他国の体制の転覆は図るワ、もはや看過《かんか》できず、英仏が起ち上がった。

ここにシベリア出兵が実現する。

日本はどうであったか。

英国などから再三にわたって出兵の催促あるも、日本議会は強硬な反対派が占めて動かない。

理由はひとつ、大義が無い。

未だ当時の政治家には武士の名残を見る。

日本はロシアへの貸付金こそないものの、革命の影響が満洲や朝鮮半島に及ぶ危惧《きぐ》はあった。

遅れて米国が派兵を決定するにあわせて、大義を見つけた日本も大正七年（一九一八）八月、シベリアへの陸軍派遣に踏み切った。

ポーランド人はどうであったか。

ただでさえ流刑人としての厳しいシベリアでの暮らし向きの中での帝政崩壊、加えての共産主義への急激な転換、これら変化に伴う内乱、更に他国の出兵による混乱。

これらの皺寄せが一気に最も弱い立場にあったシベリアのポーランド人の身に襲いかかった。

欧米の薄情、日本の厚情

全ての救いから見放された彼等は、食料もなく、医薬品もなく、暴徒より身を守る術もなく、次の四つ、虐殺、病死、凍死、餓死の中から選ぶ他ない生き地獄へと追い詰められた。

大正八年（一九一九）、同胞の惨状を見るに見かねたウラジオストク在住のポーランド人達によって、ようやく「ポーランド救済委員会」が発足。

しかし、シベリアに出兵している英仏米伊に対する委員会からの窮状救済の懇願はことごとく不調。

各国の、この薄情振りは今日の難民問題処理に重なる。

最後に頼られた日本は、多大なる労力と巨額の費用もものともせず、わずか十七日間で救済を決定する。

当時の日本人のフットワークの軽さ、すなわち決断の速さは、武士道に支えられた日頃からの覚悟が背骨にあるように思う。

陸軍の支援のもと、救済活動の根幹を成したのは日本赤十字社で、大正九年（一九二〇）には三百七十五名が東京へ、同十一年の三百九十名と二度にわたるポーランド孤児救出はなった。

孤児達の体調は当然に良好ではなく栄養失調の上に伝染病に冒《おか》され、看護する日本側にも死亡者を出している。

覚悟は途中での自己犠牲も伴うが、日本人は朝野をあげて善意を発揮する。

東京に於いても、大阪に於いても、日本全土からの慰問品や見舞金はひきも切らず、孤児達の為の慰安会も頻繁に催された。

ヒトとしての逆境の限界と云えるシベリアに生まれ落ちて以来、初めて触れる人の温かさに孤児達は精神と体調を回復し、ポーランドへの帰国となる。

言語や習俗習慣が違っても、ヒトとしての善なるものが分母にありさえすれば幼児であっても、意は通じる。

親身に世話してくれた日本人看護婦や保母達との別れを悲しみ、泣いて乗船を拒む孤児も多かったという。

孤児達の心境にはもちろん、看護に当たった日本側にも、善意を寄せた当時の全国の日本人にも、今は蒸発しかけたと感じるヒトとしての格を見る。

為したる方、為されたる方を並記すれば、避けたかった〈味方見苦し〉の気配が首を擡《もた》げてしまう。

シベリアから日本を経て、祖国ポーランドへと帰った元孤児の方々も、寿命を迎えて全て亡くなった今、善意の墓標と墓守としての語部《かたりべ》だけが残された。

Poland
JAPAN
Hiroshi Kurogane

〈武士道〉覚悟の先のDNA

数で他国を圧倒するとしても、もちろん善行は日本人の専売などではなく、世界中の歴史に記録され語り継がれているが、ほとんどが平時に多いように感じる。

善行のエッセンスを儒学に探せば、孔子の説く「恕《じょ》（我事として他人を思いやる）」と、孟子の「四端説《したんせつ》」に行き着く。

孟子は、人には先天的に「惻隠《そくいん》（あわれむ心）」「羞悪《しゅうお》（恥じる心）」「辞譲《じじょう》（譲り合う心）」「是非（善悪を判断する心）」の四つの感情が内在すると説く。

孟子の、「惻隠の心は仁の端《たん》なり」の「心」の部分は、『大学』に於いては、「惻隠之情《じょう》」となり、「絜矩《けっく》の道（他人の心を推し量り、相手の好むことをしてやる心情、態度）」と、孔子同様の「恕」の思想を載せる。平時に於いてはこれで結構だろうが、ここに引いた例は、更なる厳しい状況下に於ける判断が求められたのではなかろうか。

「義を見てせざるは勇無きなり」は、これまた『論語』であるが、不足の分のエネルギーを日本人は〈武士道〉の覚悟で埋めた。

孟子の、「人の性は本来善なり」と説く「性善説」が正しければ、今少し世界に於ける善行は各人種に散らばってても良さそうではないか。

孔子と孟子に対し浅慮で舌足らずであった。

両先生は、人の素質、素材に就いて云うのである。

玉磨かざれば光なし。

人なる玉の原石を、日本人は〈武士道〉によって磨いた。

トルコの人々も、ユダヤの人々も、ポーランドの人々も、磨いた心をもっての返礼があった。

〈武士道〉で押し通す愚説に面喰らった御仁もおられようから、他の要素も加えて不足を埋めて、この駄文を閉じようと思う。

不足といっても、遠い先祖に辿り着くような遺伝子にまで至ってはどうかとは思うが、戦さには強かったものの、その明け暮れに嫌気《いやけ》がさした一団が日本列島に逃れて土着したとする説がある。

日頃は極めて平和的でありながら、一旦ことあらば負けると判っている戦さでも、素早く覚悟を整えた上で突撃する性癖《せいへき》のような特性は古代より続いている。

土着の逆に、漂流民となっても、ジョン万次郎、浜田彦蔵（ジョセフ・ヒコ）、大黒屋光太夫《こうだゆう》など、卓越した学習能力を発揮した確率は異様に高い。

異様な程の優秀性が先の説を支える。

土着した後、万世一系の天皇制のもと、列島に住む者が入れ子状の家族の〝カタチ〟となった。

時代は下って、その生活の窮乏著しい戦国に於いても天皇家が存続し、けっして消滅しなかった、或いは消滅させられなかった奇跡のような理由も説明が付く。

日本人の本家と云える天皇家を、分家である武士が滅ぼすなど、考えようも無い訳である。

この、王族を取り巻く関係の質に於いても、対処に於いても、他民族には例を見ない不思議。

宗教面にも顕著に証拠を残している。

神道《しんとう》と仏教の関係、更にキリスト教が加わっても〈八百万《やおよろず》の神〉とタフに構え、一緒に祀《まつ》り続けた。

これまた他民族には例のない不思議。

次に、今日では日本人までが誤解しているようだが、この列島に人種的差別など無かった。

白色と有色の差を問わず、尊敬の念をもって歓迎した。

白色が有色と差別するを見ても、「ならばお主は無色か？」とは言い返さず、近年の「名誉白人」なる無礼な呼称に腹も立てなかったのは、拘る意識すら無いからである。

これらの素質を分母に、覚悟の点を〈武士道〉で磨きに磨いて、典型的な〈日本人像〉が成った。

「奇跡」を護って進まん

「八紘一宇《はっこういちう》」の意味についても、GHQ（連合国軍総司令部）による「ウォー・ギルト・インフォメーション・プログラム（WGIP＝戦争に対する罪悪感を日本人の心に植えつける為の宣伝計画）」が功を奏してか、日本人まで「侵略戦争を正当化した言葉」と思い込んでいるようだ。

そも、神武天皇の言葉で、「八紘（あらゆる方角＝世界）を掩《おお》いて宇《いえ》となさん」の謂《いい》であり、大東亜戦争時の日独同盟の際、ユダヤ人迫害政策を迫るドイツに対し、時の陸軍大臣、板垣征四郎が「神武天皇の御言葉に反する」と、これを退けている。

日本の国是として先に述べた「猶太人対策要綱」があり、杉原の功績がそれに続いた。

この要綱は、関東軍の安江仙弘《のりひろ》大佐らのユダヤ人擁護を東條英機参謀長が是認して軍の要領としたことが原動力とも言え、ソ満国境のユダヤ難民救援を経て、板垣征四郎が中心となり国策になったものである。

これら、日本人の決断と行動を善とするなら、当時の西欧諸国の思考は悪となる。東條、板垣、安江、そしてユダヤ人に救いを差しのべた外国人として『ゴールデン・ブック』にその名を載せる〝ジェネラル・ヒグチ〟コト樋口季一郎もいる。

〈ユダヤ人救援〉を支えた軍人の名と、その世界唯一の善なる国策は小さくされ、或いは消そうとされ、杉原一人の個人的善行に矮小化せんとの企てであるやに感じるは何故か、何の所為か。

特に、この世界唯一といえる善なる国策から東條英機の名を引き剝がさんとする衝動の源は何処《いずこ》で、何人《なんぴと》の都合に因るものか。

日本がユダヤ人を救っている時、無慈悲にその扉を閉じたアメリカ、イギリス、西欧諸国は、今、何を思うか。

これらの国が日本に歩調を合わせ、ユダヤ難民を受け入れてさえいれば、後のナチスによる数百万人のユダヤ人虐殺は避けられたのではなかったか。紙幅の関係上、名前を挙げ

Hiroshi Kurogane

るに留めるが、総領事代理・根井三郎、ユダヤ研究者・小辻節三など、「人種平等の思想」を背骨に、西洋の差別主義と闘った日本人は多い。

かくも差別なき国の存在は、珍しかろう。

末尾に慌しく、その特性を並べたが、手前味噌ではなく、如何に日本人が不思議で、特異な存在であるかはご理解戴けると思う。

云わば、人類の理想型といえる。

他国もまた、理想に到達してくれていれば、善意の応酬によってこの世界から貧、愚、悪などは姿を消す筈なのに未だ果たせないのは何故か。

グローバリズムの未来は新たな軋轢《あつれき》を生み、価値観の再構築の為の大混乱が待ち受けているというに、ヒトは止めようとしない。

他国頼みは無理であり、無駄である。

日本人による「天皇制」と「武士道」の獲得は人類史の奇跡と云える。

先輩達から受け継いだ、この奇跡を回復し、維持し、釈迦の申す犀《さい》の角の如く、一人進むの他はない。

——了——

第六章「あなたはカメを信じますか?」

霊性と霊界、或いはあの世について

——先人達のお付き合いのしかた

麻薬否定する中毒者

本章タイトルのカタカナ部は誤植ではなく、字面の通り。

「あなたはカメを信じますか？」

〈カミ〉ならともかく、〈カメ〉を信じるワケがないだろう——と仰《おっしゃ》るか？　同じマ行の、一段飛ばした二段目と四段目の、わずかな差でありますが——。

でも、のっけからふざけている訳ではなく「最初に言葉ありき」と云うが如く、カミでもカメでも、言語の出現あっての更なる名付けの作業なくば、今日の宗教には繫がらなかった——と云うところを押さえておきたかったからであります。

元来——と言い切って良いと思うが、日本人は宗教に対する信仰心の薄い民族である。

もっとも、薄いとはハード面に於いてであって、一方のソフトの面となると一転して無防備さを発揮し、神社仏閣の差を問わず、呪術、占術、オカルトなどには異様な程の寛容さを見せるの不思議。

今、日本人に「あなたは宗教を信じますか」と問うてみると、多くが「信じない」と答え、更に「無神論者ですか」と続けると、これまた否定はしないと思うが、その答えを額

Illustrated by H·Kurogane

面通りに受け取る訳にはいかぬ。

マルクス主義者も「もちろん無神論者である」と言い乍《なが》ら、その主張する世界観や歴史観のことごとくがキリスト教の唱える終末論に似る。更に「宗教はアヘンだ」とまで言うものだから、聞いた方は当初その主義を健常と見たが、麻薬を否定するからと云ってその発言者が中毒者《ジャンキー》ではない保証にはならない。同様に、無神論を標榜する者が、そのままそうであるとは限らない。

かつて日本は神道《しんとう》なる一神教の国であり、他の宗教に歩調を合わせるように偶像禁止であったが、採用した古代日本人の都合というか、理由は偶像を拝む行為をアホらしいと感じる賢さを持っていた点である。その後、他の神も仏もタフに受け入れたところから、日本は多神教の国——とはよく言われるが、正確な意味では他国とは性格を違《たが》える。

多神教に対立するのは一神教であるが、その意味でも日本の事情は異なっている。

本来的には一神教は神を中心とし、多神教はヒトを中心とする。先述の、偶像を拝む行為をアホらしいと考えた理由は、そのチカラをこれ以上は強大にしたくない思惑があった為と思われる。

〝ナニカ〟が宗教のスタート

言語の獲得以降の複雑化の過程はさて措《お》き、そも如何《いか》にして宗教の雛型は生まれたかと推測するに、そは闇であり、天変地異であり、事故であり、死であり、それらを不条理と感じる——ことは、この時点では言語獲得前だから、その感懐はまだ無理の領域で、変化なき日々を自然の法則と受け取れば、その法則の一時停止と云う異常な状態を何んとかしなければ、何んとかならぬかと考えたところに誕生した〝ナニカ〟が宗教の初期のスタートであろう。

次に準備されたのが、その声を聴く祈りであり、御礼として捧ゲモノを考えた。祈りはやがて呪術性を高め、占術を含む超自然なるモノに寄り掛かる構図へと進化、と云うより逃避の道へと入っていく。

そこに出現した言語が手を貸して、更に超自然の領域へと分け入って、神か悪魔かは知らねども「この世非《あら》ざるモノ」を祭る行為が定着する。神であろうが悪魔であろうが、信じられる対象と信者とは、必然的に〈安全保障〉の関係となる。

乞い願い奉る——の一辺倒であった捧ゲモノの性格も、罰から逃れる為の保険のようなモノへと変貌した。

現在もほとんどの国——と云うことは世界が、その影響下にあるならば、あれやこれやの宗教を雑駁《ざつぱく》にでも眺め直してみる必要があろう。雑駁さにも利点はあって、緻密《ちみつ》では細《さい》を穿《うが》ち過ぎて見失うところ——すなわち急所を摑むことができるのではないか。

現在、多数を占めるものとして、イスラム教、キリスト教、ユダヤ教、仏教、儒教、ヒンドゥー教がある。

これらは古代より続いた多神教と対立した後《のち》に成立した。

農業が発展して大規模となる以前の地域に根付いてきた部族的宗教も、統合を繰り返し集団化を強めるが、狩猟採集が専《もつぱ》らで、農業も小規模であったから、そこに生まれ育った人々は周りの自然と調和し易く、勢い多神とならざるを得なかったし、それでいたって平穏であったが、他の部族が攻め寄せてきたり流れ込んできたりとなればそうはいかず、何んとか吸収し、やっとこさ統合するうちに、元からの多神がくっつき合って更にその数を増やし、大多神へと肥大していった。

まるで神話の『古事記』よろしく、そのまま冷えて固まると云う奇跡は、日本のみで起きた。

余談であるが、最近「日本は特別な国ではない」とする論を国内に見掛けるが、そうで

Illustrated by H·Kurogane

あろうか。

もちろん「特別であるが故に」に続く述語が「優れている」では短絡であろうが、ちょいと北東にひねった縦長のカタチで洋上に浮かぶ為に、日本の四季は鮮明となり、独得の文化が生まれた。当然に育つ植物も、数種の海流による海の幸も豊富で、そこに暮らす日本人は他の多くの国々と違って当然ではないか。

西洋の学者（ハンティントンであったか）にも、他の文明とは異なる単一の〈日本文明〉とする視点もある。

優劣の問題ではなく、置かれた状況と民族性が他国と変わったものとして発展したとしても何んの不思議もない。

国家としてのスタンスも自ずから他国とは違う。立場は少しく英国に似るが、元より緯度と経度の差がある。

何を感じてかは知らねど、何を今更特別に非《あら》ずと主張する必要があろうか。

偶像も「ま、いっか」

話を戻そう。

国境へと発展する以前の、縄張りを隣接する他の地域の部族間ではそうはいかなかった。四方を海に囲まれ、大陸から隔たった位置にあると云う僥倖に恵まれた日本以外の国はどうなったか。

部族間で戦争を繰り返すうちに神々は整理され、統合され、数を減らし、ついに一つに成った。成ったと云うより、成らざるを得ず、混乱し蒸発したココロと自然の再建と再統一には、一つの神を必要とした。

必要とした上で、どうなったか。

意外なことのようだが、一神教はこの際、神に頼らぬ一歩を踏み出し、ヒトの律法を根幹に据えた。これまでの神々などは存在せず、在るは唯一絶対であるヤハウェー（エホバ）只一神。然れども、神は地球外の天空におわしますれば、ヒトはヒトとして律法をこそ重んじる——と、かくなった次第である。

であるからして、偶像崇拝なんぞは過去の間違った神であるからと禁止した。

キリスト教には十字架に掛かるキリストやら宗教画やら、その他諸々の偶像がごちゃまんとあるではないか？

そこなんですね、キリスト教がタフなところは——。

初期のキリスト教徒の多くは文字が読めなかったし、読めたとしても聖書を開く者はごく稀であったらしい。その理由《わけ》はギリシャ語で書かれていたことと、更にラテン語となったことで、ますます読む行為からは遠ざかった。そこで仕方なくと云おうか、窮余の一策と云うか、偶像も「ま、いっか」となったらしい。

布教の為、信者を増やす為、教会の権威を保つ為――には小事にこだわらないタフさをキリスト教は発揮した。更にはイスラム教がイスラム法によって厳しい戒律下に信者を置いたに比べ、キリスト教は法のようなものを持たなかった。

イスラム教は持つことによって信者を逃がさなかったが、キリスト教は持たぬことによって信者を増やした。

その後、ルターが聖書をドイツ語に翻訳したことは更に信者を増やす上で画期的なことであった。

ある意味、キリスト教は自由でタフな性格であったからこそ、世界中へと拡がったと云える。拡がり乍ら、近代社会に織り込まれ、喰い込んでいく。

近代社会は西洋的価値観を背骨とするが、キリスト教制度や思考法を大いに骨の成分とした。

近代社会を充たす条件としての民主主義と資本主義の二本柱も、元の元を辿《たど》ればキリスト教制度へと行き着く。

遠く霞んでしまっているこの構造と歴史的事実を識《し》ることの方が日本人にとっては霊魂やら霊界の存在よりも驚くべきことだと思う。

その、テーマであるところの霊性はどうした？　その霊界は何処へ？　あの世は如何に？　との催促はごもっともなれど、それらを生んだ母の実家、すなわち宗教を識ることで、一挙に氷解すると思われるから、今しばしのご猶予を――。

恐怖のエンターテインメント

ユダヤ教から出発したキリスト教は、あちこちを改造、改革、変貌、創作、新アイデア等々によって一本立ちした。

ユダヤ教には無かった原罪の意識を持ち込み、「父なる神」「子なるキリスト」「聖霊」という三位一体なる構造を発明する。

この三つが、三つにして一つであり、一つにして三つであると主張する訳である。

どうやらキリスト教に於けるエンターテインメントとヤンチャの領域は三番目の「聖

霊」が受け持つようである。

この聖霊を船として、海なるキリストの教えに浮かび、悪魔憑《つ》き、悪魔祓い、堕天使、煉獄、サタン、魔女狩等々のイメージの波を立て乍ら、世界へと漕ぎ出して版図を拡げた。

キリスト教の元よりの自由さとタフさに、悪魔的面白さの側面を加えてますますに巨大化していった。

今日の、世界中に広まった霊性や霊魂などオカルト的恐怖とエンターテインメントの元を、他の宗教に探してもその要素は少ない。

神懸る、或いは悪魔憑きのような状況は現代人にも起こり得ることだから、はるかに事故率が高かったであろう過去なら尚更である。

頭部を強打し、異常な行動を取った場合は物の怪《もののけ》の仕業と納得する他はなかった。

例えば、右脳と前頭葉の辺りを損傷すると見るモノ全てが幾何学的になったり、脳の表面に散らばるアストロチトームなるモノは〈光を視る〉神経の先の部位であることが判った——ことなど、古代では〈この世非《あら》ざるモノ〉として、悪魔の仕業と思い込んでも致し方なかった。これまでは異常と見えた事象と格闘する医者は全てが宗教であったが、科学が取って替わりつつある現代でも宗教病院は今も繁盛中。

Illustrated by H·Kurogane

眠りこけるヒトも、昔であれば聖霊の悪戯《いたずら》か、エクソシストの出番だが、この『眠れる森の美女』でも『ブス』でも、今日ではクライネ・レビン症候群であり、突如として睡眠発作に襲われる、かつてぐーたら病と云われたナルコレプシーも、脳内のオレキシンなる物質の不足に因ることが判ってきた。

比べるに眠りなど軽度と思われる、〈死者が動いてしまう〉例もある。

死者を動かしてしまうラザロ徴候なる脊髄の反応は、古代に於いては〈死者の復活〉のように見えたことであろう。もしや現代でも「うちの父ちゃん、生きてるよ！　ホラ、動いたよ！」なんてね。ちなみに「ラザロ」とは、死んだと思われたが四日後に生き返った聖人の名から付けられたものだが、医学を識る我々にすれば、単なる長期の気絶でしかない。

霧散したオーラの葉っぱ

時代も下って、かくなる奇天烈《きてれつ》な現象は偶然のことなのではないか？　と近代的に考えるタイプが出現する。ここにも〈近代〉が顔を出す。

無意識の内にも我々はキリスト教の影響を受け、宗教の流れに身をまかせてしまっている。

近代社会は、科学を迷信の闇を切り開く武器としてきたが、この剣にも十字架のマークが刻まれていた。

過去には説明不能と思われた事象も、近代科学は可能とした。とてものこと単なる偶然とは思えぬことは、更に格上の、偶然の中の偶然と位を上げた。ユングの言うところの〈シンクロニシティ〉。

易々と、神や悪魔の領域や霊魂など、超自然に吸い込まれない冷静なタイプも少なくはなかったが、大衆（マス）なるモノは何時の世にも大勢につくから、無勢が警鐘を打ち鳴らし床を踏んで報《しら》せても、常に迷信を愛でる多勢の矯声に掻《か》き消された。

その後に新たな迷信の旗が立つ。

近代科学がそれを支えてしまうこともある。

〈オーラ〉なるモノにも無防備に過ぎた。アホらしいから名前も忘れたが、どこぞの科学者が切断した植物の葉に元の形を示すファントム・リーフなるものがあるとする実験結果を発表した。これも〈オーラ〉と云うことになり、仏像や天使の絵画や像の頭頂部辺りの光背にイメージを重ねて喜んだ。後に、別の科学者が検証して「アレは葉から放出された水蒸気でありました……」。しかし、一旦心地よい情報を手に入れた衆愚は抱え込んで二度と手放さない。

うっかり問題提起も出来ない。

死者の体重が生前より軽くなることを指摘し、この差の分量が〈魂〉なのではないかとの、凡《およ》そ近代科学的でない疑問も多勢に受けた。先のオーラ話を知らなくとも、小学生レベルの知識さえあれば、水分の蒸発ではないか——と気付きそうなものなのに、またもや多勢が勝鬨《かちどき》を上げた。

気配のような〈オーラ〉で騒ぐなら、身体の周りが光で囲まれた実像と見紛《みまが》う巨人が出現したら何んとする？

神と信じ込んでしまうのではないか？

それは雪山で起き、太陽が目撃者の背後にある場合、本人のシルエットが光輪とともに空中に映ってしまうブロッケン現象である。

〈ニア・デス〉騒ぎも、また然りで、昨今の薬物事件の報道を見ただけで脳内現象であろうと見当が付く筈《はず》である。

科学的であり乍ら、誤解されていそうな例も引いておこう。

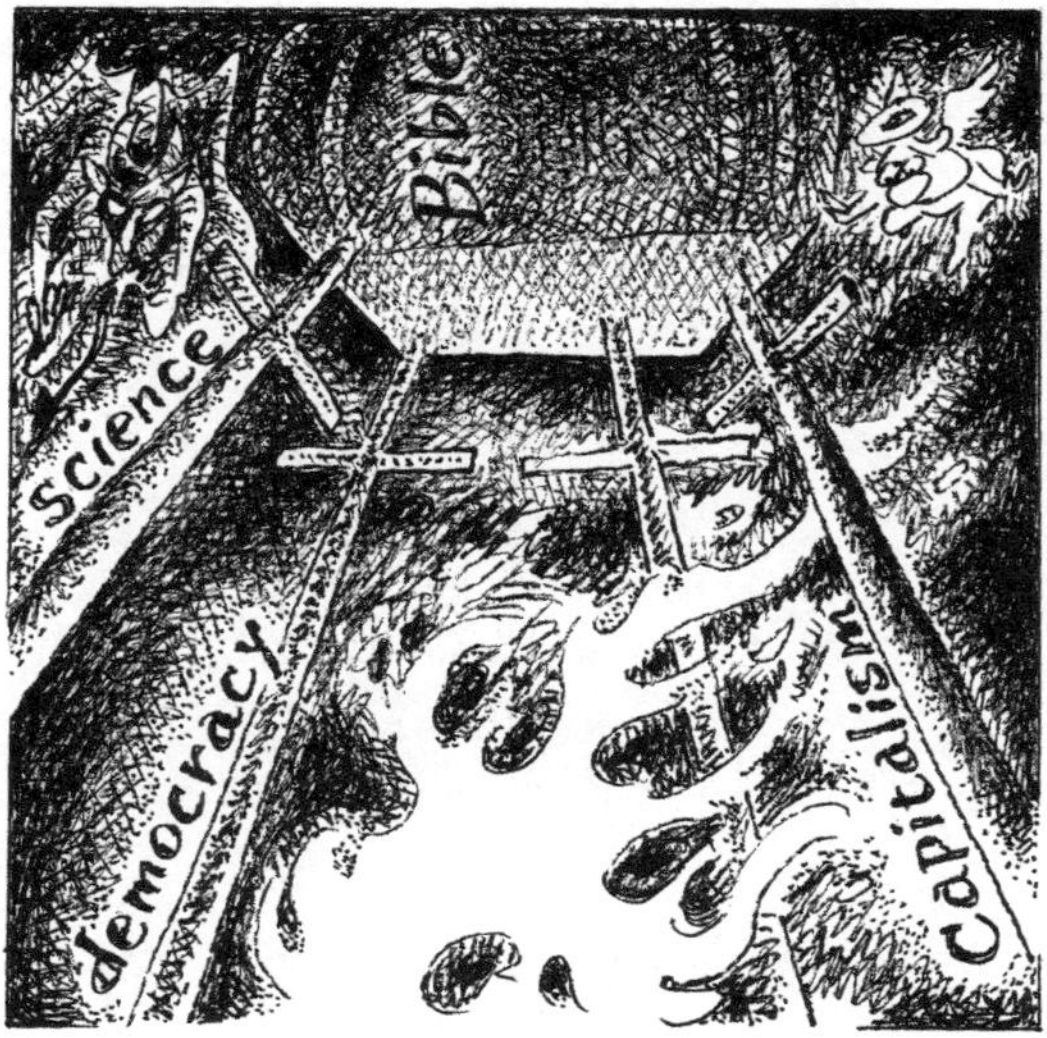

Illustrated by H·Kurogane

かのアーサー・ケストラーが、調べものに没頭している時、書棚から手にした本に、かなりの確率で求めるモノが記されている不思議な現象を、彼は〈図書館の天使〉と呼んだが、〈天使〉なる宗教出身の名をあてたからと云って、奇跡のようなモノを彼が信じたとはとてものこと思えない。

表層には浮かばないが、その辺りではないかと見当をつけた深層に沈んでいた記憶が、ケストラーに掬《すく》い上げられてシグナルとして脳内に報せる。つまり、言語の領域にあるヒトは、その力に従わざるを得ないが、呪縛から放たれたところの、仏教に言う〈真言〉の世界が救う。〈真言〉とは、言語獲得前の状況を指す言葉で、第六感とか虫の報せ、正夢《まさゆめ》や予知夢《よちむ》などのオカルト的な症状を支える、本来的なヒトの能力が潜む領域のことを言っているのであろう。

脳内に組み込まれた〝神頼み〟

この辺りから霊界に近付こうかと思うのだが、何処にあるやら、どの方角に進めば良いのやら判らない。信じてはいない人間にその在処《ありか》が判ろう筈もない。判るのは、近代と云うに未《いま》だ世界には迷信的なモノ、神秘的なモノが満ち満ちている状態は何故であるかという疑問があるということ。

更に申せば、それを信じるグループと、信じないグループとに分かれることである。本章の冒頭の辺りに書いた通り、信じないと云っても完膚なきまでに、であるかは判らない。

競馬をすなる人ならお判りいただけると思うが、四コーナーを廻り直線を向いた辺りで、それは現れる。

「神様ァ〰〰〰〰！」

正体が馬頭観音やら、どこの馬の骨やらは知らねども、ついその名を呼び出してしまうシステムのようなものが脳内に組み込まれてしまっているのではないか。

陸奥《みちのく》のイタコでもあるかのように、言語自体が物語を紡げよ、やよ語れよと迫ってくる構造を持っているようだ。

スタートは如何《いか》に高邁《こうまい》なイデオロギーであっても、何時しか宗教化するし、〈この世非ざるモノ〉を全て否定するとなると、ヒトの如きは窒息してしまうやもしれぬ。

『ハリー・ポッター』やスティーブン・キングの書くものなど、妖《あや》かしの世界が常に人気を集める理由だろう。

イマジネーションに於いては、解放の出口ぐらいは許されるべきとの意見はさて措く。まずは外なるカラクリと、誘惑に弱い内なるヒトの精神の仕組みについての検証が先行しよう。

余裕は保った上で、頭を掻《か》き掻き、あくまでもエンターテインメントとしてなら、そのプライベート世界に他者が踏み込んで文句をつける筋合いはないが、そこに強引に導く、説得する、勧誘する、折伏《しゃくぶく》するとなると、もちろん宗教的な原罪や贖罪《しょくざい》やらの意味ではなく、法的には許されても、深きところでの罪となる。

何の所為《せい》か、そこに誘おうとする者は古来、新しいマントを欲しがり、それを被り怪しく来《きた》りてホラを吹く。彼等は魂や霊など言い古された言葉はソウルやスピリッツなど、さも科学の仲間であるかのように言い換えて躙《にじ》り寄り、決まって「こは、超常現象である」と云い募る。

今更、その真偽もナニも、善意から発しようが悪意からであろうが、本人が信じていようがいまいが、気の毒な無知からであっても、全てはノストラ騙《だま》す――行為となる。

騙す方、すなわち加害の側は自信過剰か、誇大妄想の気ありて、騙される方、すなわち被害の側は何事にも付和雷同してシンプルな気の持主多し。

NOSTRADAMUS
L'AN MILNEUF CENS NONANTE
NEUF SEPT MOIS ····
DU CIEL VIENDRA UN GRAND
ROY D'ANGOLMOIS D'EFFRAYEUR
·········
Illustrated by H·Kurogane

ごくごく常識に照らせば、時代性、家庭環境、教育、遺伝子などが影響を及ぼすように思う。

私事を微細に亘って記したく思う衝動も、敷衍《ふえん》して云えば宗教的行為のひとつであろう。

我、幼少のみぎりより

宗教的にならざるを得ない理由を言語の構造に見つけたが、影響下にあることを承知の上で、ひとつのサンプル、いや、珍なるモルモットとして以下に私事を綴るをお見逃しの上お許しを願いたい。

「ラーイ、ラーハ、イッラッラー、ムハンマド、ラスールッラー」――とは、イスラム教典の冒頭部だが、諳《そら》んじているからと云って、私はイスラム教徒ではない。

ＩＳ過激派に捕まりでもした際、唱えてみたら命助かるやもしれぬと功利的に記憶しているに過ぎない。

キリスト教徒でも無きに「何んだかおシャレじゃん」と、十字架を首に提げる女子に似る。最近ではハロウィンにまで手を出して練り歩く異様さに、ほとほと宗教に無理解で無神経な日本人とその国であることかと呆れるやら舌を捲《ま》くやら。そのうち、ラマダンも取り入れて「ダイエットにイイワ」なんちゃって物議を醸《かも》すことになりゃせんかと心配ではある。宗派の垣根を超えて――と云うと何やら文化的だが、要はおふざけ気分のエエトコ取りの軽薄な発想である。

ならば宗派は問わず、その教えの中心部に頑《かたく》なに在る者が軽薄でないかと云うと、さに非ず。何事も二分できるように、その軽薄組も上等と下等に分かれ、如何《いか》ように説得しようとも、後者の方々には馬の耳に――とは失礼で、蛙の面に――もマズイか、釈迦に説法――は譬《たと》えが違うか――、つまり何んとかにつける薬――アワワ、一番言っちゃイカンことだな、えと、もはや如何んとも成し難い訳でありますね。

神も仏も、超常現象もオカルトも、幽霊もお化けも、断じて信じない気質――を超えて今や体質にまで私が至った理由は、その環境にあった。

今一度、私事に戻る。我、幼少のみぎりより――、嗚呼、恥ずかしい。

死後の世界の説明やら、人魂《ひとだま》の大きいのを「ケチビ（狐火の意味であろうか）」と言うのよ――とか、コックリさんの呼び出し方の手解《てほど》きとか、あらゆる迷信の類《たぐ》いの案内人としての母の存在があった。凡《およ》そアカデミズムから遠いスタンスに立ち乍ら、反面でそれを嗤《わら》っている気配も感じさせたのだから、幼児《おさなご》にとっては、げに始末に負えない精神状態に置かれた訳であります。

どうなったか？

おかげ様をもちまして、信仰心やら霊魂やらオカルトやら迷信深きモノから遠くに立つことが出来たが、神社仏閣と教会、伝統としての年中行事を好む体質は残ってしまった。以来、迷信深きモノを否定しながら、纏《まつ》わるモノを楽しむという矛盾の狭間《はざま》でサンドイッチ状態に陥るのだが、ある時、江戸っ子の〈幽霊〉の扱い方に同様の悶《もだ》えを見つけて呼吸を楽にした。

江戸っ子の「いとおしき」発明

この、信じないが楽しむという相反《アンビバレンス》な構えは、とっくに日本人が会得したものであった。江戸期の日本人が、あたかも幽霊――言い換えれば霊魂の類いを信じ切っていたかのように今も多くが認識しているようだが、単に「涼」を求めての発明であったと識ってその明晰《めいせき》に驚くばかりである。

夏場の画題として多く幽霊が選ばれ、床の間を飾った。扇風機出現のはるか前に、彼等が床に据えたのは紙製のクーラーであった。